U0910444

WO JIA ZHU ZAI DAHAI SHANG

我家住在大海上

PINGFAN JIATING DE XINGFU MIYUE

平凡家庭的幸福密钥

叶丽萍 著

接力出版社
Publishing House

目录

CONTENTS

航海日志3 风是这样的

2007年5月—2008年1月

航海日志4 慢航

2008年1月—11月

航海日志5 惊涛骇浪

2008年11月—2010年5月

航海日志6 海角天涯

2011年3月—8月

航海日志7 另一个星球

2011年9月—2012年1月

航海日志8 地球是圆的

2012年1月—2013年7月

Dharma Bum Ⅲ

SHIP'S LOG-BOOK

自序

不悔的逐梦之旅

放弃了富裕，得到永难忘怀的回忆、修复的夫妻关系和与众不同的女儿

大学毕业后两个月，经过了几天忐忑不安的等待，凝视着从机场直奔过来，风尘仆仆的浩哲，我对他宣告几天中千回百转的决定。

“我们结婚吧！你就不必再每三个月飞离，我再也不用担心你拿不到签证回不来……”

“求之不得，我只有一个要求：永不离异！”

就这样，我通知了家人和三两好友，挑了个补习班没课的日子，去法院公证。

我的母亲是印度尼西亚华侨，当年原本经商的外公、外婆把家产换成金条，举家来台。剩余的钱被用尽骗尽后，女儿们便一位位嫁出，为家里贡献点聘金。我的父亲则是外省老兵。

在兵营旁长大的我们，生活环境拮据，四邻也常骂街，从小我就想离开这种嘈杂。在我初一时，父亲因车祸去世，母亲去工厂工作后，家里更是仅剩下家事、忧心与争吵。

高中联考失利是我人生的大礼。小学、初中一帆风顺，出尽风头，以为能不劳而获的我，高中时终于静下心来念了点书。暑假在工厂里，日复一日把机械切割的香皂一块块拿起擦亮八小时，十七岁的我心想：如果考不上大学……

放长假时打工，没有补习，学期中每晚认真自读到11点，我如愿应届考上台湾大学。

放松心情尽情享受着新自由，以为从今而后苦尽甘来。然而，我很快发现，我必须举债方能度日。经过几个月入不敷出，回家跟母亲软缠硬磨的痛苦，我下了决心：我要自立，再也不开口跟人要钱。

一次，我跟学长聊起暑假计划，他苦口婆心地说："你不应该满脑子只想赚钱，毕业后赚钱的机会多的是！趁着还是学生身份，我们应该到国外走走，增广见闻……"点头受教的同时，我暗想着没必要解说"我一个月只有3000元生活费，而且不会稳定到来"的事实。

大三时大家都计划着未来。我惶然心想：最理想是出国深造，可是就算跟大多数同学的打算一样，先工作两年存钱，再找家里资助剩余费用，我又怎能不顾自家环境开这个口？此外，毕业后就不能住宿舍，我哪里存得了多少钱？

就在走一步算一步，报名德语班以期增加竞争力时，我遇到了我的德语老师——Holger Jacobsen（江浩哲）。

浩哲对我展开热烈的追求。第一次认识外国人的我，对浩哲很好奇，我们天南地北地聊，聊到了他的梦想：**航游世界。**"可惜的是，我前妻只在船上待了十二天，一上岸便打包飞回了台湾。"

浩哲黯然说着："离婚是我这辈子最可怕的经历……"听到他说他和前妻都觉得小孩是人生累赘，我斩钉截铁地告诉他："我是非要孩子不可的！"

1992年，我们结婚了。

结婚两年后，我们以为存够了钱，打算花两年时间环游世界。二十四岁的我思虑未来，还带了伦敦大学硕士班函授课程边航边读。从圣地亚哥到汤加，不到环球里程的三分之一，补习班经理便因学生大量流失而辞了职，*Dharma Bum II*①（达摩流浪者II号）也损坏到我们无力

① 本书中出现的船名和书名采用外文斜体的形式，以便与其他专有名词区分。

负担修复的程度。

历时十个月梦碎，我们搬回台北睡在补习班地板上。我续读课程拿到证书。

结婚时，我自认还年轻，服用避孕药五年。停药后两年仍没有消息，我们便开始求教医生，经过重重检查，却找不出原因。做了几次人工受孕还是不成后，医生建议做试管婴儿。

“现在做试管婴儿成功率很高，等到你超过三十五岁，就比较难了。”他说。

第一次过程相当顺利，医生对受精卵的质量很满意，植入了四颗，冷冻四颗留待后用。结果却仍旧失败了。

满心失望，听医生解说着下一步骤：用药帮我停经半年。待时机成熟后，他解冻了剩余的四颗植入……

结果，悦彤“游得最快”，成为我们唯一的宝贝。

2003年底，宝贝女儿江悦彤（Aurora Ulani Jacobsen）出生。2005年11月，因为浩哲的忧郁症，我们这对新手父母带着不满两岁的悦

❖ 贝基亚岛（Bequia）（2006年）

彤，搬家到大海上，开始环游世界。这段亲子壮游，悦彤以童稚的眼光看待一切，而我们要考虑的却是安全、经费，还有她的教育问题。

一岁到十岁的生日，悦彤都在不同的国家和地区，除了五岁和十岁生日是安排前往，其他都是走到哪儿就在哪儿过。

2003年，悦彤出生：台湾（Taiwan）

2004年，一岁生日：台湾（Taiwan）

2005年，两岁生日：维尔京群岛（British Virgin Islands）

2006年，三岁生日：巴拿马（Panama）

2007年，四岁生日：基里巴斯（Kiribati）

2008年，五岁生日：德国（Germany）

2009年，六岁生日：印度尼西亚（Indonesia）

2010年，七岁生日：马来西亚（Malaysia）

2011年，八岁生日：南非（South Africa）

2012年，九岁生日：特立尼达和多巴哥共和国（Trinidad & Tobago）

2013年，十岁生日：丹麦（Denmark）

过生日，没有固定的朋友帮她庆祝，悦彤大海生活中不变的是**父母和上课。**

为了维持她三语流利，并且美国自学课程全A，我们的课程是全年无休的，她封我为教育疯妈（Education-Crazy Mom）。不过她周一至周五，下午3点到4点就做完作业，周末则下午2点前完成全部课程，我私下认为，和东亚学童相比，她还是有很多时间的，至少下午和晚上都空闲。

2013年8月，悦彤在德国首度入学，为衔接课程，我们让她比之前学的美国卡尔弗特（Calvert）课程降级一年。学期结束时，老师所发的全A成绩单为我们的辛勤耕耘做了见证。起初她不习惯她人生中第一个班级，陆地上的孩子没有如此渴求同伴，而且他们同班三年的情谊令她一个外来者很难融入。但我信任她的韧性。

半年下来，她终于交到好友，这其实是耗费一些奇特的努力的。老师认为，悦彤时常知道答案却不愿回答，因为她不想显得突出而不被接受。成绩对她而言，远不如朋友重要。直到她现在被接受了，才渐渐敢在课堂上畅所欲言。

申请中学时（德国学制五年级开始上中学），她略带哭音地说："你说搬到陆地我就不必离开朋友的，你根本不知道有多辛苦！"其实我怎么不知道，只是没料到他们班女生的成绩远不如男生而已。所以她还是得一个人升中学。老师说她的程度超越同龄，中学里也会如鱼得水。

我更欣慰的是：因为她做学校的功课很快，卡尔弗特和中文课程还是得以勉强继续。

至于我们，刚开设了一家网络商店卖陶艺品，成功与否还不知道，不过，至少*Dharma Bum III*（达摩流浪者Ⅲ号）的买主就是靠这些陶艺品攒下足够的钱的。而且我们也教中文贴补家用。

2013年11月，我们办妥了医保，做了已忽略八年的体检之后，医生晴天霹雳地宣布：浩哲大脑皮层上，有颗直径3厘米的脑瘤！

在做着最坏准备的日子里，我庆幸着我们已完成他从小的梦想，就算要走，他也会了无遗憾。而共同迎战忧郁症，又经过无数次海上危机的挑战，我俩的关系也紧密到足以用对方的价值观来教养悦彤成人。

12月手术成功，他再度开口说话时，我的眼泪不可遏止地落了下来。

结婚逾二十年，完成了航游世界的梦想，女儿也不负期望，是否就没有缺憾了呢？其实是有的，圆梦的代价是错失了致富的机会。

那是否后悔呢？绝不！就算重新再来，我还是做相同选择。世上再没有像大海那么完美的教室，让悦彤心无旁骛容许我们一步步为她的教育筑基。而同舟共济的夫妻之情，走遍全球不相识的人们所赐予的帮助和友谊，又岂是金钱能够衡量？

如果你问我：环游世界后最深刻的体悟是什么？

追忆往事，环顾世界各角落之后，我明白自己是何等幸运，出生在努力就能创造命运的台湾！

还有——去完成梦想吧！你必定会失去许多，但会获得更多。

❖ 我们的家*Dharma Bum Ⅲ*

终止阴霾，离开台湾 | 面对一成不变的生活，转动方向盘吧

台湾（Taiwan）
2005年

浩哲对学生咆哮了一阵，转身回教师休息室，由我和助教们接手。边纠正学生发音，边批改作业，边回答电话。小隔间的洗衣机运转着，隔壁教室里外婆照顾着小悦彤。

悦彤尚未满月，就跟着我们一起到补习班。用条背巾，她在我怀里安睡。若是开始哭闹，我就拿条浴巾披上肩绑稳，边喂母乳边上课。直到她九个月大，我才请我妈妈每天帮忙四小时。

由于补习班从打扫、上课到报税我都一手打理，没有人会提醒我，于是，在悦彤不满周岁那年，我完全忘记申办扣缴凭单。

浩哲呢？
他有忧郁症。

开车回家的路上，我小心翼翼地打破沉默：“等下你想吃什么？”
“随便！”浩哲简短地，几乎咬牙切齿地回答。

一天，他开在北二高速路上，突然说：“我动不了了，快帮我转方向盘！”面红耳赤的他皱着眉注视前方，我轻转了方向盘让他下高速公路停车。那时他刚开始服用抗忧郁症药，狂按喇叭、追赶、乱抢道驾驶

的场景已不再重演，但他整天保持着沉默，一开口总是很吓人，像“我心跳太快，停不下来了”之类。

婴儿时期的悦彤其实并不难带，她每晚睡七小时，若是半夜醒来，我便抱她到大床上来哺乳。浩哲的忧郁症起因是：**一成不变的生活。**身为螺丝钉的我们，每日打造下一代螺丝钉，浩哲辗转反侧，不停地想：我们无路可逃，悦彤也终将成为一颗螺丝钉。

我呢？

我是不在意的，只要我是一颗重要的螺丝钉。熟悉的生活是如此容易，每半年有补习收入，然后努力教学和生活——在山区里散步；选HBO①、Cinemax②还是Discovery Channel（探索频道）？上大卖场选购生活必需品，偶尔上商场买些奢侈品犒赏自己；每年出国旅游。关于悦彤的未来嘛，既然我能在台北过得不错，她当然也能！

只是每每看到我的学生们辛苦地上各种补习班，心里有点为如此生活叹息罢了。

浩哲睡不着，他非常非常不快乐。每晚他推着婴儿车，去停车场取车来接我，学生往往因为功课没做完而延迟了我下班的时间，而下班后我还得晾衣服和清洗厕所，有时让他在楼下久等，他就会很生气。两人

---

① HBO，英文全称Home Box Office，是总部位于美国纽约的有线电视网络媒体公司。HBO电视网于1972年开播，全天候播出电影、音乐、纪录片、体育赛事等节目。

② Cinemax是一个专门播放电影的有线电视网络，客户须订购才可收看。Cinemax为HBO集团（由时代华纳所拥有）的max系列的一个频道，从美国加利福尼亚州旧金山传送播放。

闷在一起的情绪不必明言。

我心里气愤着：多少学生家长为我不平？两人负担的工作一点也不平衡，你还要一直摆臭脸，忧郁症又怎样？

但是，转念又想：离婚让女儿失去爸爸会更好吗？我当初选择浩哲时，不就是因为不想过一成不变的生活吗？而现在，我们却朝着这样的生活一步步迈进……再去勉强已骂走几个学生的他继续工作，会把生活与婚姻关系带到哪儿？

于是，**2005年11月，我们搬离了台湾。**

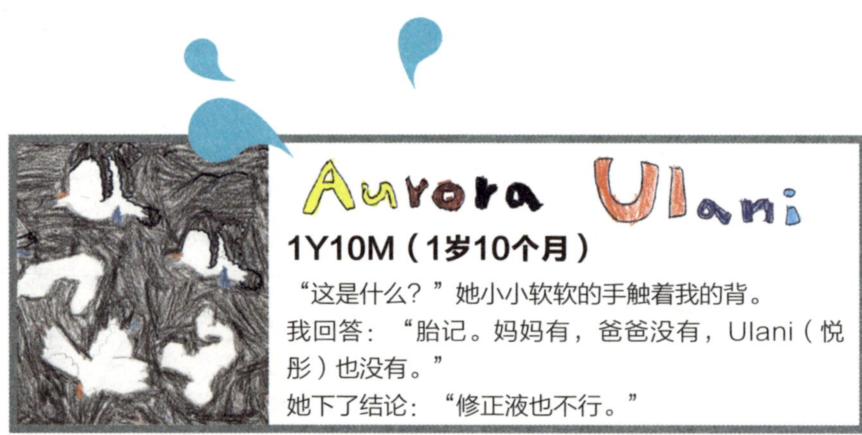

1Y10M（1岁10个月）

“这是什么？”她小小软软的手触着我的背。

我回答：“胎记。妈妈有，爸爸没有，Ulani（悦彤）也没有。”

她下了结论：“修正液也不行。”

新家Dharma Bum III双体船 | 梦想起点

维尔京群岛（British Virgin Islands）
2005年12月—2006年3月

在买下我们的家*Dharma Bum III*以前，我先生江浩哲做了很详尽的研究。双体船的空间大，将来女儿可以有比较大的活动空间，更重要的是，我们不求快，求的是安全舒适。四处浏览比较后，他认为法国制造的*Privilege 39'*（普威乐驰39'）最适合。通常玻璃纤维船身轻，但

❖ 湛蓝的海水下，一群群明艳的热带鱼清晰可见（弗伦奇曼沙洲泊船船坞）

是轻薄的甲板总让我感觉心里毛毛的，站上去船身都像要**解体**似的。*Privilege*出名的坚固，而且内部设计聪颖，唯一的坏处是——贵。

权衡之下浩哲决定在维尔京群岛买一艘租客船，这艘*Privilege 39'*比别的便宜得多，不过已经**服役十年**，日后我们逐渐发现各种问题，自不在话下。

我们的宝贝江悦彤搬到船上时近两岁，中文已说得不错，那时她很爱唱歌，也爱**胡闹**，我们工作时往往把楼梯撤走，让她局限在一边，尽管如此……

一次她按了个钮，碰巧是清水泵，水就漏了个干净；再一次又是个按钮，却是冷气，可惜的是我们在架上修船，没有海水可冷却引擎，冷气便寿终正寝了；还有一次，她把凯蒂猫磁铁一片片“喂”进了CD播放器。

刚上船的前两年惨不忍睹。加勒比海日日艳阳高照，船舱如同夏日汽车般闷热，蚊子也多，加上度假胜地的价位①，学习新生活技能的过程遍布荆棘。

浩哲学着船的各种设备和功能，为长途旅行做改装的计划；我照顾着悦彤，练习煮饭、清扫、采购等主妇的工作。到了晚上，浩哲和我手持酒杯，在驾驶区乘凉聊天，不时驱赶着蚊子。有时我忘了帮悦彤擦防蚊液，一进舱便发现她皮肤红肿，噼噼啪啪打死几只肥大的蚊子

① 维尔京群岛货币为美元，在泊船场超市里一磅奶油4.62美元，一卷80张的厨房纸巾要价2.15美元，1/2加仑（1加仑大约为4.55升）鲜奶8美元，一包贵的饼干10美元以上。

❖ 悦彤与我（2005年）

❖ Joey（乔伊）潜水捕捉的大龙虾，后来进了我们的肚子

❖ 浩哲潜水从船底刮下的蛤蜊。不过，这我可就没敢煮了

❖ 带悦彤买菜时最好推小推车

时血溅四方。

几次我流着泪不知该如何继续。浩哲常常一天下来什么东西也修不好，全身脏兮兮的，火气很大。我从早忙到晚也一身黏腻，正要洗菜煮饭，却为了省水而事倍功半，腿下有我打不到的蚊子，悦彤也哭哭啼啼……想到不知如何着手的种种杂事，夫妻俩的口角一触即发。

“我们真的要过这样的生活吗？”我不止一次问着浩哲，也暗暗自问。

就连外人也怀疑地皱起眉头：“你们确定吗？连这么简单的东西都不会修，在海上可没人帮你们呢！”

一次我请来自美国的Bill（比尔）和Georgia（乔治亚）吃饭，感谢他们的帮忙。饭后Georgia以安慰的口吻说：“我们认识一对夫妇，先生是证券商，太太像个公主**啥也不懂**，他们也成功了哟！”

我听了不禁暗暗叹气：唉，原来我和浩哲让你想起这样的人啊！

我想念台湾舒服的家，用不尽的自来水，开着老旧的沃尔沃，至少不必以背包购买米、面粉和牛奶。这新生活没让浩哲的忧郁症恶化，但他还是常常发火，对外人都很友善，可回家时笑容就不见了。身份降为船妇的我，甚至失去了学生和家长们的尊敬。

可是我想：**回头不能解决问题！**

❖ 刚上船时的悦彤（弗伦奇曼沙洲泊船船坞）

❖ 坐在这里，我可以从客厅下阶梯到船左前后舱房或厨房

❖ 怕悦彤看到鱼太兴奋而坠海，我们买了帮她“刹车”的系狗皮带

❖ 我要在客厅沙发上玩，才不要睡觉！

首航特立尼达和多巴哥 | 新手上路

维尔京群岛（British Virgin Islands）→特立尼达和多巴哥（Trinidad and Tobago）
2006年3月20日—3月23日

首度启航我们决定向南行到特立尼达和多巴哥继续修船。之前粗黄的电线有如脐带，把船系牢在泊船场内，经过了六个月在维尔京群岛的努力，至少电池能坚持几天，但是要环球，还是欠缺很多装备。特立尼达和多巴哥共和国是加勒比海较平价的国家，且特立尼达岛北端的查瓜拉马斯港（Chaguaramas）专业修船场林立。

一艘船是永远修不完的，所以我们从未打算打造完美的家。浩哲的计划是装上太阳能板和风力发电机，把引擎传动装置（Sail Drive）修好，再做好引擎保养就可以离开了，若是还有预算购置海水淡化器和几种不一样功能的帆当然更好。

离开泊船场的怀抱，船一路震荡到特立尼达。双体船不适合逆风而行，首航我们极凄惨。我和悦彤一路晕了三天，原本正慢慢给她断奶，她也只偶尔想起而已，现在前功尽弃，因为她除了母乳，吃什么喝什么都吐出来。四处舷窗漏水，里里外外湿湿黏黏都是海水，连床、沙发也不能幸免。绳子、玩具、盘子四散。

旅程将近结束时，我们才好多了。夜晚时，悦彤陪伴着我，吃点东西，唱唱歌。途中右侧引擎坏了，浩哲进入弥漫着机油臭味的密闭空间，出来时立刻吐了。

第三夜我心情振奋，看着美丽的大海等待日出，似乎也是件不错的事。正当我开始唱歌时，一阵大浪喷溅上来，让我成了落汤鸡。

看着罗盘定向前进，我以为航向所差不远，但是当浩哲早上7点起来查看电脑时，咒骂了起来。强烈的逆流使实际方向和罗盘方向偏移，看来是不能于当日抵达了。

沮丧恼怒的浩哲最后决定开引擎，但仍是比预定时间晚了六个小时，第四天傍晚6点半才入了港。新手停船加上引擎问题，两人又几乎吵了起来。找海关时，用VHF（甚高频）无线电问到要找灯塔，我们找来找去，后来才发现原来灯塔的灯根本没开！

❖ 在英属维尔京群岛上架超贵，2006年1月6日只待了一个工作日，我们就付了4300美元，而且悦彤上下这阶梯让我胆战心惊

抵达第二天办好入境后，浩哲要下锚，发现港口太拥挤，决定花钱停在浮球上，却因为我们是新手上路，引擎又不灵，怎么也拉不起浮球的缆绳。

于是我们请人用小艇协助，但笨鸟似的我俩居然把人家撞倒在船下！

幼教 | 中英德三语并进

我和浩哲从悦彤出生，就决定中英德三语并进，即便很多人告诉我们不可能，我俩仍认为试试无妨。

悦彤是个有语文天分的孩子，她学会的第一个词是“灯”，先学会的前五个词内已经有德文“Mond”（月亮），还不到两岁就记得很多歌词。

一天在维尔京群岛的Bare Cat Charters（空双体船租船公司）办公室门口，悦彤念招牌时有些字母认不出来。我抱歉地对老板娘Sydney（西德妮）说：“她字母还认不全……”Sydney挑眉：“Excuse me， mom. She’s only TWO！”（拜托，孩子她妈，她才两岁好不好？）

航游世界的遥遥路途中，没有老师，不能上学，只有父母自己来教育儿女。还好我俩原本就是老师。

出发前浩哲多方研究的结论是：美国卡尔弗特学校（Calvert School）的函授课程最完备，且对我们来说比较适合，因为德国函授课程办得很简单，而且我没办法教。至于中文和德文，我俩则协议各自备课。

上船时她不过两岁，没有固定课程，幼教以听歌、听故事为主。后来我们收到卡尔弗特学校的课本，就此展开了填鸭工作……哦，不不不，教育百年大业。

刚翻开教师手册时，简直手足无措，唯一庆幸的是，我们从中班订起。本来还想，她什么都会了呀，大班开始就可以了吧，结果才发觉，

她的英文基础还是差太多了。

她的词汇比不上英语系国家同龄的孩子。她哪里学过“森林”“啄木鸟”那些英文单词呢？

我和浩哲乱了手脚，月前才开始让她玩德文电脑游戏，学正方形叫Quadrat，现在加紧告诉她英文叫Square。她跟Kaspar（卡斯帕）、Steffi（施特菲）讲德文，上我的课，突然又得讲英文，弄得一家三口人心惶惶，也不知是否揠苗助长。

隔了几天，我觉悟了，其实尽力就好。若送她去幼儿园，也只是提升幼童兴趣，从不讲教学成效的。教师手册上每每写着：“Try to teach...Begin to introduce...Tentatively teach...”（尽力教授……开始介绍……尝试教授……）我在家一对一地教，除了社交技能，效果哪里会低了呢？所以又何必那么紧张？

悦彤的幼教课程大多是在游戏。有趣的是她不喜欢一个人听课，上课时，就搬来一大堆动物和洋娃娃，让他们轮着回答问题。当然都是她帮动物、娃娃们回答，可是还要分派一些回答对的，一些总是不知道答案的。简直跟玩过家家一样。不过，她愿意用英文回答我已谢天谢地了，管她是分派哪只猫回答呢！

不甘不愿了几天，她开始自己背诵韵诗，唱起童谣。起初她不要我念，现在自己拿起课本问我怎么念，我的心情也随之好转。

特立尼达船祸 | 第一个考验

特立尼达（Trinidad）
2006年3月—10月26日

在特立尼达我们住了七个月，这当然是大违所愿。但是世事总不能尽如人意。

帆船界人士居无定所，遍布世界，但反过来说，水手们再多，也不过一个城市的人口，许多人都彼此认识。浩哲辗转碰上了朋友的朋友Jörn（约恩），他在当地开了家顾问公司，于是我们就请他帮忙就地雇人。

很快我们便发现每件事的进展都很慢。特立尼达人擅长通宵达旦狂欢，到海滩上总看到一群群装备充分的人，烤肉架、小冰箱、音响、躺椅、遮阳伞……一应俱全。但是要约谈估价，就总是Mañana（明天）。Jörn的家脏乱不堪，但若是周末请我们去小岛游玩，食物、啤酒、冰块等采购得井井有条，不过，根据经验，我们知道若是他说上午11点，至少要下午2点，才出发得了。

七个月下来，跟几家有孩子的朋友四处游玩，若非我们正计划环球，倒也得其所哉。但是，装备太阳能板的进度一再拖延，漏水的舷窗修了数次依然漏水，而每件工作都是计时收费，我们越来越不耐烦。

长期等待下来，我们决定搬到隔湾的TTSA帆船俱乐部，那儿接口设备较佳，而且有很多儿童会员。

一天，我们在游泳池教悦彤游泳，顺便跟一对英国夫妇聊天。*Spinaloga*（史宾纳隆加号）的Elaine（伊莱恩）才刚生第二胎Lisa（莉莎），但大儿子Daniel（丹尼尔）已经五岁，活泼得不得了。就在浩哲跟Daniel爸爸Nigel（奈杰尔）谈着航行计划时，一位美国人打断了我们。

“抱歉，”他一脸凝重，“我有个坏消息……”

大家的笑容凝结在脸上，我心里七上八下，瞄了眼池边玩水的悦彤，心想：一家三口都在，不必慌！

“我的名字叫Tom（汤姆），我刚碰巧看见一艘帆船撞上了*Dharma Bum Ⅲ*……”他继续解释，那艘船音乐放得震天响，引起他的注意。

Tom摇着头说：“十几个人在甲板上晃来晃去，驾船的人能看清前方算他厉害。”

他自述是退役海军，回船后将趁记忆犹新，打出目击者报告。我们自是连声称谢，然后驾小艇回船去检视损害。

撞上*Dharma Bum Ⅲ*的是当地船，Jörn陪同浩哲去报警时告诉我们，船主在特立尼达是名流，人称国宝（National Treasure），不过今天驾船的Sebastian Paddington（塞巴斯蒂安·帕丁顿）是他的孙子。Sebastian的态度很好，他解释说他没喝酒，只有前方的朋友们喝醉了。

他说：“因为你们的船没有桅杆，我才没看见。”

我们觉得有些离谱，白花花的艳阳下，竟然看不见12米长，7米

❖ 船祸现场

❖ 密密麻麻都是帆船的查瓜拉马斯港

❖ 左边是Jörn的女儿Zoya（卓娅）（特立尼达，2006年）

❖ 悦彤和Zoya。2012 年10 月1 日，*Dharma Bum III* 回到了特立尼达

❖ 两岁半的悦彤拿着我正阅读的英文版科幻小说，这本书她在八岁八个月时阅读完毕

宽，背景是蓝绿色海湾的白船！

不过，当他保证补偿时，我们略为心安了些，因为*Dharma Bum Ⅲ*的左侧不锈钢栏杆被撞斜，前舱也破了个洞，油漆的刮痕也需补平。

事后几次协商，我们发现自己实在太天真了。

当Sebastian提出只给微薄的赔偿金时，浩哲盛怒地打算提起诉讼，Tom也义愤填膺地说必定做目击证人，但是几家熟络的当地朋友却异口同声地说："算了吧！能拿多少算多少，你打不赢的！"

他们举了很多司法不公的实例。

"这里的原则是'白人打不过黑人'，外国人跟当地人打官司，没听过打赢的。"Jörn的合伙人Peter（皮特）继续说，"况且，Paddington家族势力那么大，在这样一个小岛上，法官、律师都是他们的亲友，你想，他们宁可得罪一个说走就走的水手，还是一整个势力无所不在的家族？"

水手们也都为我们打抱不平。就在此时，我们的签证到期，大家都认为移民局理所当然会替我们延签，但是……

"你们的船有问题？但是人好好的啊！"移民官不假辞色，"你们大可以把船留下搭飞机走啊！"

与此同时，港口的治安也出了问题，不仅小偷猖獗，甚至一夜有人持枪上船劫掠；再过几天，连入城的厢型小公交车都传出被人持枪行抢的消息。

水手们开始写文章向国内外的朋友呼吁：“别来特立尼达修船了！”

重重压力下，移民局勉强给我们加签了一个月。

Sebastian自然也知道我们拖不下去，便下了最后通牒：“拿还是不拿？”

我们忍气拿了钱，自费将船修复后，前往圣文森特和格林纳丁斯（Saint Vincent & the Grenadines）的贝基亚岛。

❖ 悦彤画作

航海计划 | 无限的梦想，有限的经费

青壮年时期放弃稳定的工作，代表再也不可能过优渥的生活，对我而言这是孰重孰轻的选择，一方是丈夫的心理健康、夫妻关系和有趣的经历，另一方则是不断累积财富，年长时可以随心所欲花费。

选择航海是因为这是浩哲从小的梦想，但后来我也逐渐觉察到，要携家当环游世界，这是唯一比较舒适的方式。设想如果选择背包和帐篷，或是开车上旅馆，一是会面临如何漂洋过海的问题，另一则是花费甚巨。

在台北工作时我们便生活得很简单，剩下的全部钱都存下来置产，不幸的是我们2000年在股票和期权市场上栽了个大跟头，经费也就大幅缩水。

向世界进军前我们预算的修缮经费是3万美元，如今被Jörn一拖，Sebastian一撞，我们只得放弃很多待修、待购置的装备。剩下的现金是预备不时之需使用的，而每月的房租收入则用来支付开门七件事。

在贝基亚岛扬起风帆 | 一直等，等到头发花白才出发吗？

贝基亚岛（Bequia）→圣文森特和格林纳丁斯（Saint Vincent & the Grenadines）2006年10月27日—11月22日

海水清澈见底，凉爽稳定的信风吹来，风力发电机整日旋转着充电。村里东西不多，蔬果尤其贵，一根黄瓜、三个西红柿就可以卖上五美元。

除了稍稍担心蔬果和清水外，我们完全进入了度假的心态。特立尼达七个月来的尘嚣，在游泳散步时被洗清，被遗忘。浩哲和我都觉得：查瓜拉马斯港笼罩在阴郁的情绪里，水手们枯萎于工作中，窒息得难以思考。

从白色沙滩悠闲地走到小镇，四处都是小店摊贩和酒馆，重点旅游业，像潜水、租船等，也很盛行。有时街头艺人用特别的钢鼓（Steel Drums）击出度假的气氛，伴着我们一路回船。

贩卖清水、柴油的汽船带着巨大广告招牌在港口里来来去去，这里不像特立尼达般多雨，常常缺水。汽船有专用的VHF无线电频道可联系，还可以帮忙把衣物送洗再送回。

有压力洗衣机，我们决定用水箱里的水自己洗，回特立尼达时再加水。

❖ 学游泳

于是每逢洗衣的日子，我们全家就边用力转着洗衣机，边有节奏地喊着："Wonder clean! Pressure Washing Machine!"（洗得漂亮！大压力洗衣机！）太阳晒过的热水，机械能加压，衣物洗得非常干净，唯一的缺点是得用手拧干，每每我拧得不够干，便很耗水。

两个星期的游泳漫步，观察清澈海底行走的龙虾，浩哲和我的脑袋又开始运作起来。于是当Jörn从特立尼达帮人驾船过来时，浩哲把我们的决定告诉他："我们改变主意不回特立尼达了，几天后直接去巴拿马。"

❖ 贝基亚岛传统帆船赛

“什么？那还没修好的部分怎么办？”Jörn显得有点吃惊。

“就自己修或边走边修啰！”看到Jörn的表情，浩哲猜得到他在想些什么，“我知道由我来修不会很专业，可是**一直等，难道要等到头发花白了才出发吗？”**

Jörn停顿了一下，说：“嗯，你说得对。等你们回来时，说不定大家都还在这里……”

于是我们开始购置食物和水，糟糕的是，后来发现汽船载运来的水有点混浊，但是也别无选择。不过，在经过整整一年的修缮等待后，*Dharma Bum Ⅲ*终于向环游世界的航路行进啰！

❖ 这时候的悦彤还可以进桶洗澡，但是很快就进不去了

Dharma Bum Ⅲ
SHIP'S LOG-BOOK

航海日志 2
前进吧

2006年11月—2007年5月

❖ 马达加斯加（Madagascar）

星星被云挡住了 | 遭遇5米高的巨浪

贝基亚岛（Bequia）→巴拿马（Panamá）的科隆市（Colón City）
2006年11月22日—12月3日

离开贝基亚岛以后，好天气持续到委内瑞拉，一到哥伦比亚，暴风雨就来了。在11月30日暴风雨最强的时刻，我们的仪器测出最大风力60节，目测海浪有5米高！

11月29日，悦彤一如往常，虽累得半死，仍不愿去睡午觉。我和浩哲两人因为前夜的风浪，累得完全没有耐心。风浪持续增强，我们一边更换帆的方向，一边照顾开始晕船的悦彤。浩哲在船的前方拉绳子，我在后方掌舵，悦彤在驾驶区的长凳上躺着。更换船帆时我必须把船转向，感受到风浪更大了，就在我用力一转时，一个大浪从船侧袭来，像桶冷水当头淋下，小小的悦彤完全湿透，眼睛都睁不开，我快步抱起她安慰，跟她说我马上就会把她擦干，她张口却问："那喝到肚子里的，也可以擦擦吗？"紧接着我们看见一群海豚在船侧跳跃，她忘了自己还湿湿的，破涕为笑。

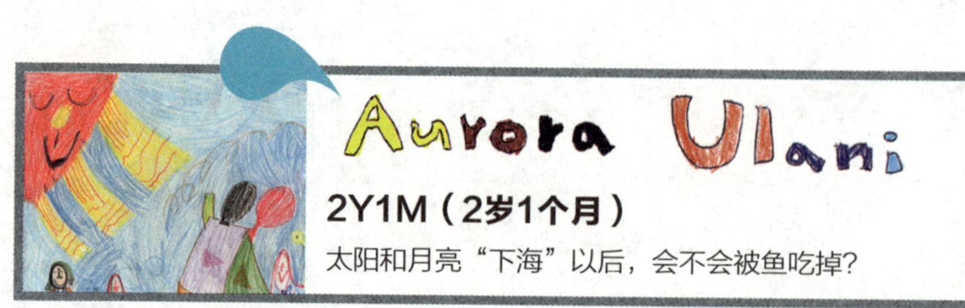

❖ 暗夜塘鹅（悦彤画作，2012年10月5日）

我夜间的值班警戒时间是半夜1点到早上7点，悦彤在其中会醒来两三个小时陪我。在天气好的那几天，我会带她到驾驶区看星星，她通常不断地唱歌，不唱歌时就不停地说话。有一次，她问我："妈妈，星星被云挡住了，那住在云上的动物看不看得到？"

11月30日傍晚，我和悦彤准备去睡觉时，浩哲穿着雨衣坐在驾驶座，一阵阵大浪打在他背后，再从前方流下来。我看着他身后5米高的巨浪，在傍晚的深蓝中看来像灰色的巨兽准备吞噬他。我睡得很糟，噩梦连连。半夜时换我穿上雨衣，悦彤只准待在床上，她时时啼哭，浩哲安慰她也不停下来，于是我几分钟就得进入船舱一次，阵阵海水从我的雨衣滴落在船舱里。浩哲彻夜未眠。

❖ 照片倒看不出5米的浪，因为船是随浪载浮载沉的

❖ 一路西行，大浪中太阳由后方升起

12月2日，清晨，暴风雨虽已完全结束，天气仍然不稳定，而且这段海域原本便以浪高闻名。因为信风吹至此就被中美洲挡住，浪越挤越高。我整夜坐在舵盘前，连进去小便都不敢，还得用悦彤的小马桶。夜晚视线不清，只听见阵阵大浪呼啸而过，把船身往上掀再重重落下。一次一个大浪尖啸而过，在我左侧形成小海啸，同时船亦正冲浪前行，巨大的声响吓得我几乎魂不附体。经过数秒惊涛骇浪，我心想：实在该对那些有经验的水手多些尊敬。

几天下来我们的前帆破了，挂在主桅杆上的主帆也有些地方脱落，舱内各处都有海水，而海水怎么擦都是黏黏的，床单也总是湿湿的。我们没时间应付悦彤，我最常对她说的话便是“你要等一下”，于是她一个人坐着或躺着唱歌，经常听她唱着：“当我执起你的手，在等待的岁

月中，我已经学会了不绝望……”（流行歌曲《守着阳光守着你》）

今天是12月3日，黑夜中我们抵达巴拿马的科隆港口，水手们心有余悸地谈论着几天前的暴风雨，很多船定不住锚，甚至有大轮船搁浅，港里人人自危。

巴拿马运河 | 三起三落

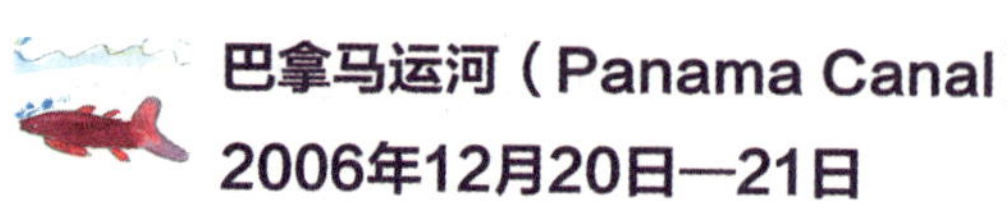

巴拿马运河（Panama Canal）
2006年12月20日—21日

12月20日、21日过巴拿马运河，从加勒比海岸的科隆市，抵达了太平洋海岸的巴拿马城。

对任何帆船而言，过巴拿马运河都是一项耗资耗力的大工程。我们先用信用卡支付600美元及保证金850美元，再找三位朋友凑上我共四位控绳手（Line Handlers），浩哲须全程掌舵。若请巴拿马人帮忙，有经验的要付110美元，没经验的要付60美元，而且无论如何都得为客人准备床位和食物。此外须绑轮胎在船两侧，租借粗长绳索。然后是指导员（Adviser），政府会委派一个人到你的船上，告诉大家往哪里走，还有什么时候该做什么事。这位先生不会睡在你的船上，可是你有义务准备他的食物。如果你的船在运河上出了问题，无法在限期内通过，我们签名答应支付的罚款是：4400美元。

20日下午4点，在我们合力把软垫绑在太阳能发电板上后，一切就绪。5点半指导员Rick（里克）乘船驾临。

经过三次水闸，三次升高水位，我们到达泊船点。控绳手朋友Darrel（达雷尔）跳下站在3米宽的白色圆盘上，系上绳子，终于完成一日的工作。9点半，我把晚餐端上桌时，悦彤已累到不行，整个晚上她都很开心，因为她一直在偷吃我准备给客人的零食，自己一面涂鸦一面

❖ 水位上升或下降时，任何一条绳子过松或过紧，船身都可能被高速的水流甩向一方，因此四位控绳手得一直专注于时收时放

说：“我在画Panama Canal（巴拿马运河）！”

21日早上5点半倾盆大雨中，浩哲检查引擎，我准备早餐。一家三口疲惫万分，因为整夜都挤在一张小床上。6点15分两位指导员上船，我立即多了两名客人。前面的指导员Rick是个很有礼貌的人，他的指示清楚明确，一点也不麻烦。但是21日早上较年长的那位，不断要求食物、饮料，而且每当年轻的那位指导浩哲做某事时，他必定要唱反调。

这段运河上的航程景色优美，我们是当日第一条过运河的船，每个水闸都单独为我们打开放水。而且我们还看见了一条鳄鱼。可惜的是悦彤太累了，时时吵闹，等我终于让她上床睡觉，又到了控绳手工作的时间。当我们进第三个，亦即最后一个水闸时，那个指导员居然开始抱怨我还没给他吃午餐。浩哲在掌舵，我们其他人都在拉绳子，悦彤刚被吵醒，在床上哭，我的桌上还放着土豆片和花生，他居然还说：“It's lunchtime， you know？”（你知道吗？已经是午餐时间了！）

水闸门一开，我立刻冲入安慰悦彤，并准备午餐。浩哲气到失去胃口。

整条运河三起三落，下午2点5分我们在太平洋下锚。

3Y（3岁）过巴拿马运河感言

“Ulani在这边看，船越来越高，Ulani很害怕，然后Ulani 跟自己说不要害怕，然后Ulani就不怕了。”

我问：“那爸爸妈妈呢？去哪里了？”

她回答：“妈妈拉绳子，爸爸开船。”

巴拿马风情 | 我们越来越感动，对这个世界有种温馨的感觉

巴拿马城（Panamá City）
2006年12月31日—2007年2月6日

12月31日浩哲和我去Supermercados Rey（雷尔超市）购物时，听见两个人在讲中文，他跑上前把人家吓了个半死，哇！一个“阿度仔”（老外）在巴拿马城说中文！但也因此，我们认识了这里的台湾人。

当晚刚结识的台湾朋友美华就带一群人来了。我们很讶异，在超市时我还很担心人家觉得我们到底想做什么，拉关系吗？结果人家却是古道热肠，立刻就带我们去中国餐厅吃饭，唱卡拉OK，还带我们回家，我们就在他们家门口看烟火，度过了一个难忘的新年前夜。在国外我遇到过很多热心的中国人，但是第一次见面就把我们带回家，而且把PriceSmart（普尔斯马特）会员卡借给我用，还是有点夸张的。

多次被台湾朋友请客，心里觉得很不好意思。相对来说，我们能提供的东西实在太少。用小艇载客人上岸时，还让海水喷了大家一头一脸。我们被浪打到全湿，悦彤最酷，一个浪打到她脸上，三岁的她笑着说：“还好我眼睛闭着！”

去法属波利尼西亚（French Polynesia）要申请签证，而且要准备许多文件，比较夸张的是，一定要买旅游保险。法国政府很担心人们去那些岛屿后会乐不思蜀，因此到当地后还得付一笔保证金，若是滞留，政府就拿这笔钱买机票，把你踢出去。

坐出租车去法国大使馆时，我们结识了Leonardo（利奥纳多），他是巴拿马人，会讲英文的他很喜欢外国人。浩哲是个喜欢交朋友的人，讲着讲着就把他请到了我们家来。当他有一天用VHF呼叫我们时，我们才惊讶他不是光说不练，而是真心要请我们去他家玩。载着他的妻子、女儿，加上我们一家，满满一车人开上了高速公路。本以为他家在巴拿马城，结果居然是在35公里外的拉乔雷拉（La Chorrera）。

他才刚搬入新房子一个月，在一个仿造美国城郊的小区。车刚开入时我觉得一切很新很美好，到他家后才发现全部建材都是便宜货。我们不忍心告诉他，也就把话藏在心里。他是一个很向往物质生活的人，但是才刚发展起来，也没有足够的钱。聊天时他特地开了电视看HBO频道，吃饭时很有情调地放了音乐，却太大声了，听不到彼此说些什么。最后，我发现巴拿马的烹调蛮简单的——油炸香蕉、油炸香肠、番茄酱、可乐，还有超多的冰激凌。

他介绍了他成长的地方，他爸爸妈妈的家，每个人都不富裕，但都和善热情。对于初识的我们，Leonardo又请客又介绍当地文化，我们越来越感动，对这个世界有种温馨的感觉，觉得文化的隔阂已无关紧要。然后他载我们去逛拉乔雷拉，当地也有很多的中国人。Leonardo说他就是从中国人那里学到如何辛勤工作的，然后说："巴拿马人真的太懒散了，有一天巴拿马会出现中国总统。"

我们观察到一些事情。首先，他们都非常胖，餐桌上完全没有蔬菜，一路上不断吃糖果、饼干。第二，巴拿马人很重视亲人，客厅中摆满了家人的照片。第三，Leonardo完全把美国梦一板一眼地复制到自

❖ 客气的台湾朋友每次上船都带一堆食物，约我们外出时还开车接送

❖ 巴拿马城旧市区

己的梦想里。他觉得巴拿马最漂亮的地方是阿玛尔多（Amador）这条路，其实放眼望去，这地方就像曼哈顿。事实上，每逢碰上会说英文的巴拿马人，发现他们都很向往有钱人的生活，开车经过市区高楼时都会特地介绍这里的人多有钱。

1月9日是一个纪念日。美国人在2000年时将巴拿马运河权交还给巴拿马人，之前巴拿马人无法随意进入这块领地。有一年一些学生进入此区爬上山坡打算插巴拿马国旗时，和美国警察起了口角，其他的巴拿马人群起激愤，演变成流血冲突。因此这天成为国定假日。

我们问Leonardo：“巴拿马人恨不恨美国人？”他认为大多数人是不喜欢美国人，不过做生意的人还是喜欢的。

当天我跑去普尔斯马特，相当于好市多（Costco）那种，结果超市居然把全部含酒精的饮料都用黄胶带围了起来，后来我才知道，在纪念日里超市是不准卖酒的。

❖ 阳光下悠游的鱼（悦彤画作，2011 年）

自动导航系统失灵了！ | 船旧了，总有东西会坏，我们只好轮流掌舵

巴拿马城（Panamá City）→加拉帕戈斯群岛（Galápagos）的圣克里斯托巴尔岛（Isla San Cristóbal）
2007年2月6日—6月20日

每次刚出航的前几天，我感觉自己好似穴居动物。没时间洗澡，只能擦澡，悦彤的头发纠结成一团，有时候她的衣服还带有呕吐味。

2月6日下午，经过一早的整理，东西大致归位，小艇吊上船头，我们终于得以成行。傍晚时，我带着悦彤爬上床，准备应付半夜的警哨。一切都很正常，直到我不断听到哔哔哔的响声。我问浩哲那是什么声音，他告诉我个可怕的消息：**自动导航系统（Auto-Pilot）失灵了！**

唉——船旧了，总有东西会坏。这次，我们就只好轮流掌舵了。

6日晚上，风浪很大，浩哲坐在舵盘前八个小时后，决定把帆降下来休息。他去睡觉后，我负责警哨到天亮。

7日一早，我们讨论决定逆风开回巴拿马，毕竟只有一天的距离，掌起舵来不那么可怕。船一掉头，风浪明显增强，悦彤不久就吐到连黄色的胆汁都呕出来了，我也开始想吐。浩哲检查仪器时发现，我们几乎没有任何进展，这样的速度，得花上六到十天才回得去。反之，到加拉帕戈斯群岛的距离虽远上数倍，但顺风而下，时间可能是一样的。于是我们又重新掉头，朝原本的目的地行进。

风浪仍大，但顺风时我和悦彤都好多了。我和浩哲轮流掌舵，不敢离开片刻。这样的生活我们要过上至少一个星期。骄阳下，浩哲去补觉，前夜他睡了不到四小时。悦彤很乖，因为晕到没力气了。我汗流浃背掌舵前进。浩哲醒来后大多由他掌舵，我照顾大家吃点土豆片、饼干，补充大量的液体。夜间警哨的六个小时最痛苦，悦彤看着星星一会儿就想睡了，我无法带她进舱，就让她躺在地上的软垫上。晚上超冷，我迅速进舱拿棉被将她盖实，直到浩哲起来小便我才把她抱到安全温暖没有湿淋淋海水的床上。问题是我也无法进舱小便，只好用悦彤的小马桶。时间尚未调适过来，到了清晨四五点我就开始打瞌睡，方向错了才惊醒过来，这样的过程重复又重复。

8日傍晚，风停了。我们驶进了世界上最广的赤道无风带（Doldrums）。我怂恿浩哲去休息，我们都够累够脏了。三人洗了个舒服的澡，吃了顿像样的晚餐，终于感觉又像个人了。

9日一早，补觉醒来，海面如平镜，一片湛蓝。浩哲在水里发现亮蓝的圆点，我们猜测是鱼卵。我花了一整天的时间清扫和烹饪，在平坦的海水里洗抹布时，我看到了带状透明的鱼卵和水母。傍晚时浩哲发现懒惰的结果是：洋流把我们带往了错的方向。因此好景不长，我们还是得转开引擎，继续掌舵。

每次在海上，我总觉得以前的日子好遥远。对我来说，在巴拿马坐公交车的日子，似乎是上个世纪的事，不过悦彤倒是念念不忘。她拿起玩具电话就说：“喂，请问你是谁？雅惠吗？嗯，好，你们来了吗？我们已经到家了。嗯，那就谢啰！Bye-bye（再见）！”拿起她的兔子

❖ 小妈妈散步去

Linda Hase（琳达·哈泽）让它学步，还说："好像小西瓜哦！小西瓜的爸爸都是这样拉他走路的。"然后，怀里抱着她心爱的兔子说，"我们现在坐车去雅惠家了哟！"还有，"妈妈，我们明天去雅惠家，好不好？"童言童语说得我也依依不舍起来。

今天她有新发现，各位以前就知道《ABC歌》和《小星星》是同样的旋律吗？我和浩哲是完全都没想过。

10日中午，我们陆续看到了四只海龟，它们懒洋洋地漂在海面上，壳上还带有鸟粪。我们经过时只抬头看一下，只有一只潜水消失了，其他都选择继续漂着。浩哲连续掌舵四个小时，只让我掌舵一小时。他知道我不喜欢坐在烈日当空的舵盘前，大多数时间就由他承担了。

11日凌晨3点左右，起了点风。我先起来掌了一会儿舵，浩哲很快起床接手到天明。清早6点半，撞上了一根浮木，海面漂浮着很多陆地植物，有些海鸟坐在上面休息。到了傍晚我们已累到不行，对于古时候的水手们佩服不已，他们怎能一直掌舵到发现**新大陆?** 我们决定只有白天轮流警哨，晚上都去休息。

12日，看到一群海豚。悦彤手指着船的一侧，说："月亮有时候在这边，有时候在那边。"

我想趁这个机会教育她一下，就答道："哦，那是因为我们航行的方向不一样。"

她皱了皱眉，手臂朝天画了个半圆："可是月亮会从这边**走**到那边啊！"

❖ 浩哲边掌舵边念书给悦彤听

❖ 照顾兔子Linda Hase好辛苦啊！

日以继夜，有时有风，有时无风。除了日日掌舵全身酸痛之外，我们过得快乐逍遥。每天一到下午5点半，我们就降下帆准备吃晚餐，早上6点再升帆。

18日，我们多了三名乘客。三只海鸟降落在我们的船上。两只确认是鲣鸟（Booby），它们有蓝嘴红蹼，另一只白色的，我们不大确定是另一种鲣鸟还是塘鹅（Gannet）。悦彤整日不断和它们对话。

19日，过赤道。悦彤是第一次乘船过赤道。根据水手的传统，她应该要被一桶水当头淋下，但是怕她哭闹，我们只将她的头发喷湿算数。然后浩哲倒了一小杯朗姆酒入海祭祀海神（Neptune）。当天下午我们决定晚上继续航行，因为已经很接近陆地了。

20日早上8点半，疲倦的我们下锚在圣克里斯托巴尔岛。上岸时看到一大群海狮，这里的海狮一点都不怕人，还会爬上小艇晒太阳呢。去申请签证时发现，今天居然是嘉年华的最后一日，我们又得多付加班费。在这方面我们实在不怎么幸运，到特立尼达时是周末，到贝基亚岛时是圣文森特和格林纳丁斯的国庆节。

不过，我们平安到加拉帕戈斯群岛了，钱不算太大的事吧。

❖ 睡着随波逐流，你们到底有什么好急的呢？

❖ 悦彤的朋友

❖ 鲣鸟与海豚（悦彤画作）

全天和悦彤相处的副产品是：**机会教育随处可行。**

自从我读了费曼先生（Mr. Feynman）对他父亲的描述就心向往之，如果我能尽力解释她所有的疑问，当她超越了我，就算她不像费曼先生那般感激父亲的努力，我还是会与有荣焉。

没有网络，我尽力回答着从未想过的问题，不满四岁她就问过蚂蚁的牙齿与咀嚼。每个疑问我一一翻阅百科全书，用浅显的词语解释，好让幼小的、唯一的学生明白。

念完书、上完课，碰上合适的状况也可以立刻复习。学天文我们就晚上看星空，学植被我们上岸时就边看边讨论，学地理我就拿地球仪指着我们去过的地方，还跟她指认水手朋友各自来自广大世界里的哪个小黑点。

我教她理性思考，随时批评。不幸的是后来产生两个后遗症——她每件事都要辩驳一番，还有，她不断列举理由告诉我世界上不可能有圣诞老人。

这里的动物举世闻名 | 耐心、耐心、耐心

加拉帕戈斯群岛（Galápagos）的圣克里斯托巴尔岛（Isla San Cristóbal）
2007年2月20日—3月12日

我在这里的生活比在巴拿马轻松多了。在巴拿马我每天都忙着采购，贮藏食物，忙到腰酸背痛。

刚到的前几天，我们忙着报到、申请签证和自动导航系统的事，网络慢，加上语言不通，辛苦了好一阵，悦彤也跟着闹起来。她变得一句话也不听，稍不如意便哭闹，让我们的生活苦不堪言。这两天浩哲陪着她玩，她又变得好说话了，什么都好商量。

我是很懒惰的，在巴拿马时我还可以用英文和中文沟通，于是就懒得学西班牙语。在圣克里斯托巴尔岛不懂西班牙语却是寸步难行，所以我出门前就开始查字典，抄单词。当然这种沟通非常简单。举例来说，这里的人对悦彤是我的女儿总是表现得很惊讶，他们指着我问：“You？Mama？”（你是她妈妈？）

我点头回答：“Sí . Papá，alemán.”（是的。爸爸，德国人。）

然后他们便会恍然大悟地点点头。

不仅如此，文化的差异在交流时也常让我们一头雾水。星期六时，技师Miguel（米格尔）修理好了引擎发动机（Starter Motor），他问我们有没有兴趣第二天去他的农场看看。全都谈好了，星期日他却没来。

等了两个小时后，碰上另一个熟人Bolivar（玻利瓦尔），听了浩哲没有语法的解释，自告奋勇带我们搭出租车去山上的农场。结果逛了一大圈，还是找不到Miguel。Bolivar跟我们讲当地的历史——从前的岛主规定，偷番石榴的人要用鞭子抽打五百下。有一次，一个五岁孩子拿了个番石榴来吃，岛主也照打不误！

拿了些酪梨和番石榴，快到家时，碰巧看到Miguel推着自行车走在路上，大家吃力地沟通了一会儿，决定一小时后在我们船上见。浩哲特地问Bolivar是否也一起来，Bolivar说没问题。结果是……两人都没来。我们猜想，大概是我们不了解厄瓜多尔人吧！

达尔文根据此处巨大的海龟著作了《进化论》，因此这里的动物举世闻名。我们已看过了鲣鸟、海狮、海龟和海鬣蜥（Marine Iguana），它们都不怎么怕人。

事实上，海狮最喜欢爬到船上休憩。有一晚浩哲起来小便，看见一只海狮大模大样地坐在我们驾驶区的桌前。我们又好气又好笑，它似乎还觉得自己就应该坐在那儿，浩哲赶它走，它还吼了几声。因为这里的海狮如此麻烦，我们就没把小艇降下海，每天搭着“海上计程艇”来回，每人次50美分。若是要看企鹅和红鹤，就得去伊莎贝拉岛（Isla Isabela），我们还在考虑中，而且我们仍在等待联邦快递（FedEx）的自动导航系统零件……**耐心，耐心，耐心！**

圣克里斯托巴尔岛非常美丽，当地人和动物都很友善，但是海狮看久了也会腻，更何况它们其实也很麻烦。每晚它们为了争夺我们船下的阶梯而争吵不断，先是大吼大叫，后来打完架跳上来时，整艘船剧烈摇晃，闹得我们睡不安稳，早上起来还得清扫它们呕吐的、夹杂消化黏液的鱼骨。

❖ 海鬣蜥

❖ 船尾阶梯是凉爽舒适的床——我打三场架才抢到的呢!

❖ 鹈鹕

❖ 悦彤，小海狮是恶霸吗？你干吗怕成这样？

然后是昆虫，每天无穷无尽吸血的蚊蚋，恼人的苍蝇整日嗡嗡不断，无数的虫尸粘在驾驶区和甲板，我们根本无处可逃。最后我还看见了只蟑螂。蟑螂、米虫等害虫在船上是一等警戒，好不容易才用密封袋摆脱了米虫的纠缠，可不要又来了更恶心的蟑螂，于是我放下一切事务，立刻放了上百个炼乳加硼酸的自制灭蟑药在悦彤碰不到的地方。

自动导航系统的零件迟迟未到，每天联邦快递都说Mañana（明天），后来才跟我们说要付关税。大部分国家规定，外国船只不必付本地关税，当然厄瓜多尔不属“大部分”国家之列。联邦快递说，就算我们把东西退回，26%的关税仍得照付！于是我们额外多了466.18美元的支出。心不甘情不愿地付了税（还不能刷卡，因为当地联邦快递没有刷卡机），还是又多等了两天东西才到。

终于可以离开了，我却开始拉肚子。当地没有超市，只有杂货店和传统市场，于是我怀疑是否前夜的牛肉面出了问题。圣克里斯托巴尔岛的肉店是那种半只猪挂在绳上的，要哪个部位，胖胖的屠夫就切给你。那屠夫穿着带血的围裙，笑嘻嘻的。一次我看见他一手把西瓜塞进嘴里，另一手还拎着要称重的生肉。

有时候我觉得似乎到了另一个星球。在面包店买的面包有虫，我们把虫挑出照吃不误，而且我还想，还好这些虫都烤死了，无法在我的面粉里作祟。然后是中南美洲人。还记得在巴拿马，我跟摊贩砍价，说如果买十副太阳眼镜能否算便宜些，每个摊贩都不愿意。超市里，常常小包的东西比大包的每公斤单价来得便宜。这次订购零件，更是让我瞠目结舌。起初，浩哲打算从秘鲁进口，因为那是离圣克里斯托巴尔岛最近

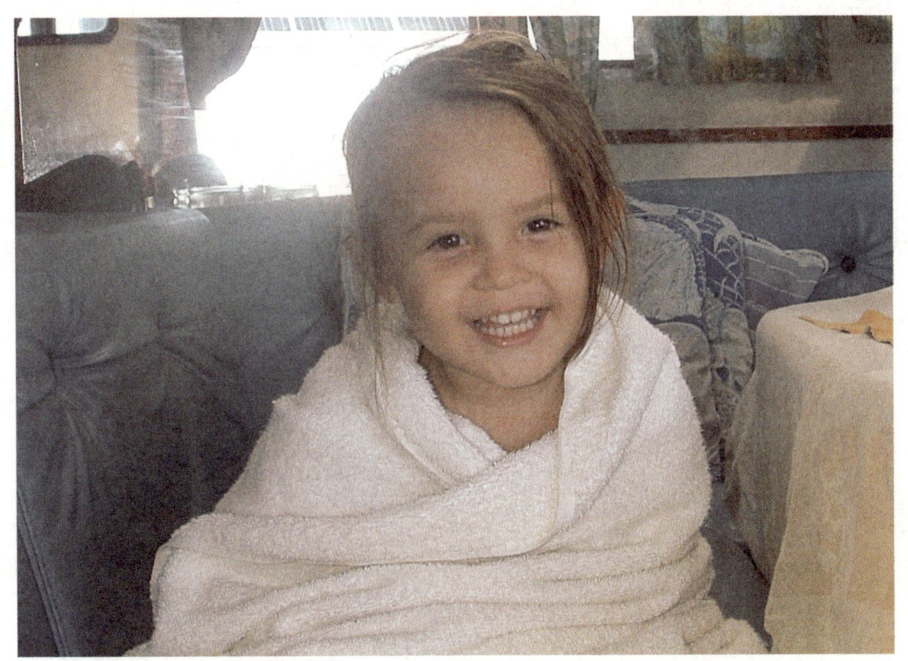

❖ 我好喜欢白毛巾！

的分公司，结果，他们居然**不卖**！回答说我们没在秘鲁买自动导航系统，所以他们**不卖**零件给我们。我难以置信，心想：如果我台湾制造的电脑电源器坏了，我去问秘鲁分公司，他们会不会也不卖新的给我？！

水手的疾病与意外 | 人有旦夕祸福

在茫茫大海上，如果有了病痛该怎么办？

无论往东往西往南往北都要好多天的航程才看得到人迹，就算已经靠岸，小岛通常也没有合格的医生，因此每艘帆船上必须备有急救箱。有一本《在没有医生的地方》（*Where There Are No Doctors*）广为流传，而原职为医生的水手，大多也愿意免费出诊。

离群索居的我们，很少有受感染的机会，大多数情况是水土不服腹泻，但天总有不测风云。

在塔希提岛（Tahiti），我们三人第一次发高烧，悦彤引发了中耳炎，多亏台湾朋友们的帮忙，介绍并载我们四处找医生。

在基里巴斯悦彤又发生两次意外。一次是撞上沙发背，几分钟内颈部肿起有如乒乓球大的包，我紧张地问："到底怎么样？你告诉妈妈呀！"悦彤却只顾着哭，两个大人手足无措等待她镇定下来。我问浩哲："要是伤到颈动脉该怎么办？"他也无言以对。

另一次发生在她四岁生日当天，我把自己烤的蛋糕放在玻璃盘子里以求美观，她却把盘子打破了，直到她走路去玩时大哭起来，我们才发现她走过的地方留下血脚印。我抱紧她让浩哲用镊子取出碎片。

此外，她被蜜蜂蜇了两次，还有一次航程中撞到头又吐又昏睡的。

在查戈斯，浩哲动过腿痈手术。*L'interdit*（禁忌号）的法籍医生船主Yvan（伊万），当然并非穿白袍，而是着泳裤，划独木舟，滴着海水沾着海沙来看诊。戴上消毒手套，局部麻醉后，他切入患部3厘米深……

过了莫桑比克海峡，跟我们同日进南非里查兹湾的帆船，立刻有两位先生亟须开刀——南非籍帆船*Gambit*（甘比特号）是被拖入港的，船主Desmond（戴斯蒙）在大浪冲撞时伤了腿，急性发炎昏迷不醒，所幸太太Nell（内尔）是护士。但是，害怕又担心的Nell，进港时也已惊恐到几近歇斯底里，拖救船上的人说，她连收帆都已无力而为。来自瑞士的Palain（帕莱恩），也是撞上了绞盘，伤了大腿筋，不过他计划忍几天再飞回国动手术。

比我们早几周抵达的德籍*Momo*（陌陌号）船主Gerold（格罗尔德）差点在航程中失血过多而死。大浪来袭时，缝纫机从高处落下砸在他头上，他又因血管梗塞正按医嘱服用抗凝血剂，于是血流不止，经由女友Jenny（珍妮）的照料，还好撑到了里查兹湾的医院。

Lady Jane Ⅲ（简女士III号）的英国女士因内出血在斐济外岛由直升机紧急送医，幸好有保险公司支付费用，因为若直升机再晚一步，就可能回天乏术。没保险的人难道不会存着“先忍忍”的想法吗？

但是，不是什么都来得及挽回的。一位德国水手把右手绞进了绞盘，数日后抵达目的地新西兰，手已经不可能接回去了。

❖ 南非到圣赫勒拿岛（Saint Helena）途中遇见的彩虹

梦回萦绕白沙滩哈拿蒙诺亚 | 任何青菜都是奢侈品

马克萨斯群岛（Marquesas）的希瓦瓦岛（Hiva Oa）2007年4月7日—4月16日

希瓦瓦岛变了。

港口的水变得很浅，而且因为正在施工中，也使得能定锚的区域变得很小。我们抵达时，一波波的海洋深浪使得定锚困难，而且另一艘船*Surprise*（惊奇号）告诉我们，前夜很多艘船触了底，他们的自动导航也因此撞坏了。于是浩哲决定赶快去办入境手续，立刻离开。

一整夜为了准备入港而睡不安稳，早上又答应悦彤她可以登陆游玩，这下子，计划全都落空。浩哲一个人上了岸，我在船上值守，若有危险，就得立即开引擎四处旋绕，等浩哲上船。

由于是复活节假期，港务监督允许我们先去邻岛，等到4月10日再正式登陆。希瓦瓦属马克萨斯群岛，附近尚有两个岛屿——塔瓦塔（Tahuata）和蒙塔内（Motane）。十二年前，我们在塔瓦塔岛上的沙滩哈拿蒙诺亚（Hana Moe Noa）待了段时间，白色的软沙，无人居住的椰林，梦回萦绕了十二年。于是这当然是我们首选的目的地。

这次我们打算在此休息及修船。首先最迫切的是清空冷冻库，二十六天航行下来，我们发现除非每日让右引擎转两小时以上，否则根本就不够冰。我拿出剩余的肉，居然还是放满了水槽！要全部制成罐头是不可能的，因为我们没有足够的玻璃罐。把看来有点坏的直接投入海

❖ 在友船*CanKata*（康卡塔号）上做客

❖ 哈拿蒙诺亚的黄昏，甲板“落日酒”时分

里，剩下来的洗切好略炒，放入罐中盖好，连罐放入快锅加压煮大约半小时。尽管我尽力把肉制成了罐头，最后还是煮了两大锅肉放进冰箱。于是接下来的几天，我们放弃了主食、青菜，只吃肉。

然后才是恶心的部分。制罐和烹饪花了我足足一整日，第二天我才有时间清洗冷冻库。一打开门，发现下方积血处生了蛆。二十四小时没有用冷媒，陆地上飞来的苍蝇便成就了它们的繁殖大业。戴着手套清洗数遍，再用漂白水消毒，最后喷上杀虫剂。由于我们的冷冻库超级大，在巴拿马冷冻肉品之前，我们先放了许多保丽龙板，以便节省冰箱引擎运转的时间。现在保丽龙板也脏了，不过我仍然进行了擦拭、编号，因为不知道以后是否会改装冷冻库再度使用。把舷窗开着，冷冻库和保丽龙板仍然发臭数日。

4月10日，回到希瓦瓦岛，我们上岸登陆，换钱，购物。

办理登陆手续时，我得付2100美元的保证金，因为现金不足，只好用信用卡预借现金。还好悦彤和浩哲一分钱也不必付。

虽然有十二年前的经验，超市的物价仍让我吓了一跳。最普通的罐头都要2美元，最夸张的是青菜，由于波利尼西亚的食物不含青菜，因

❖ 哈拿蒙诺亚沙滩

此任何青菜都是奢侈品，我买了一包芹菜，花了12美元！

浩哲则去了邮局上网。他花了20美元买了张电话卡，却连一封电子邮件都发不出去。询问技术人员，他也帮不上忙。看着卡片数字不断减少，他只好放弃，改由打电话给家人报平安。

若要想象一艘定锚的船，可先想象一只山羊被绳子系在一个木桩上。问题是泊在希瓦瓦港的船太多了，没有回旋的空间，于是几乎每艘船都拿出第二个锚，把船后方也固定起来。在放后方的锚时，我们很愚蠢地没能握住缆绳而把锚掉落在海里，还好一艘法国船帮我们打捞了起来。

担忧着锚是否稳定，也忧虑着是否会撞到别的船，我们打算尽快离开。两件要事：买缝帆的针线和洗衣服。我询问了洗衣店的价钱，洗净加脱水一公斤是3美元，因此我决定还是手洗。整整两日我洗完了三十天的衣物，毛巾、床单、桌布和地毯。

4月15日，悦彤被蜜蜂蜇了，我把刺从她的腰侧拔出来。她哭得很伤心，我们也很担心，因为浩哲的弟弟对黄蜂过敏。还好经过喷药和巧克力饼干的安慰之后，她的情绪平稳了下来。

4月16日，我们终于回到了哈拿蒙诺亚，开始了两周的休整生涯。在此我们每天阅读、修帆、游泳，有时和朋友游到沙滩喝椰汁，有时去别人的船坐坐，然后帮我们过巴拿马运河的友船*CanKata*钓到了条刺鲅（Wahoo），还分给我们一部分，一家三口吃了整整四天。

每天中午悦彤戴着游泳圈和臂圈，三岁多的她最喜欢从两舱中间游到前方，然后绕着锚链游，有时她坐在绳子上，假装荡秋千。

最后，船又越来越多，白色沙滩变成了城市，我们想，该是离开的时候了。

重返瓦伊塔胡村 | 为了什么？为了永生难忘的回忆

马克萨斯群岛（Marquesas）的塔瓦塔岛（Tahuata）2007年4月17日—5月8日

加拿大双体船*CanKata*的船主夫妇在我们过巴拿马运河时帮忙当控绳手。他们的船是11.3米的*Privilege*，而我们的是11.9米的*Privilege*，两艘船十分相似，不过*CanKata*新得多。

Darrel（达雷尔）和Loretta（洛雷塔）两人都是退休的公务员，每月领退休金，不必担心旅行经费。他们最特殊的地方是：**特别干净整齐。**我们在希瓦瓦岛还在担心锚是否稳定时，他们进了港。相逢的兴奋还没过，他们先询问到哪里洗衣服。第二天，两人努力刷洗了船底；第三天，Loretta听从了我的建议，用手洗了衣物床单。*CanKata*是那种好似无人居住的样品船，看上去永远完美无瑕。

我们相处得很好，虽然Loretta半开玩笑地说*Dharma Bum Ⅲ*大概是港内最脏的船了。我们一起航行到哈拿蒙诺亚，也常互相拜访，邀请对方小酌并欣赏落日。当悦彤被蜜蜂螫时，是Loretta帮她喷了止痛剂。

奇怪的是，当我们提到要去塔瓦塔岛上的村落瓦伊塔胡（Vaitahu）时Loretta不解地问："What for？"（为了什么？）

而更不可思议的是，其他的船也都毫无兴趣。

浩哲和我都认为，旅行最特别的地方就是得以了解各地文化，但是，现在搭帆船旅行的人大多是退休人士，想法与我们大不相同。大部分的帆船可区分成几个族群：说英语的、说法语的、说德语的。很多艘船选择一道航行，称彼此为**“伴船”**（Buddy Boat），只对自然景观有兴趣，想交往的只有其他的船主。

瓦伊塔胡靠山面海，岸边竖立着新盖好的尖塔教堂。热带阳光照射着高耸的山脉，在海面上投射下巨大的、阴凉的影子，教堂传来浑厚的钟声，岸边传来孩童戏水的笑语声，一片祥和景象。不过山脉挡住了信风，使港内吹来的落山风（Katabatic Wind）变得十分强劲，加上水深，因此不利定锚。我们刚到的前两天，碰巧有很高的海洋深浪，我一上岸，就被浪打到全湿。虽然悦彤连脚趾都没沾水，还是被吓到，后来每次要上岸都哭。

去拜访老朋友前，我们也很担心做不速之客，但是一见面，就发现他们依然热情。十二年前，我们在瓦伊塔胡认识了Ronald（罗纳德）、Augustin（奥古斯汀）和Titi（提提）。Ronald仍旧住在村子里，而Augustin和Titi一家搬到了半山腰。Ronald立刻认出了我们，拿出一堆柚子要给浩哲。我们去Titi从前工作的杂货店找她时，发现她早已不做了，初识的老板娘立刻热心地载我们去Augustin和Titi的家。

Titi一见到我就认出来了，毕竟他们没有别的台湾朋友。十二年过去，岁月在四人脸上刻画了痕迹，我们多了悦彤，他们则从两个孩子增加到了七个！

他们是非常虔诚的天主教徒，每餐饭前一定祷告，载我们上山兜风时，有个小教坛，他们也停下车来祷告。波利尼西亚人非常能吃，也很喜欢请我们吃饭，Titi和Augustin家里的巨大饭锅我只曾在自助餐厅见过。他们每餐饭量都很大，五岁小女孩就可以和我吃的一样多。他们也有着吃不完的食物，后院里的橙子、香蕉、柚子、柠檬、桂圆及其他不

❖ 他们是非常虔诚的天主教徒

❖ 与Augustin一家合影

❖ Augustin和Titi的家

知名的水果，因吃不完落了一地。于是大部分瓦伊塔胡人都胖胖的。

当地人也很早生育，女孩大约十六到十八岁生第一个孩子，接下来约每两年生一个。Titi比我大一岁，但是她缺了很多牙，庞大的身躯，日晒的皱纹，都让她显得比实际年龄大。

瓦伊塔胡的孩子们是欢乐的一群。他们对悦彤总有问不完的问题，问她几岁，会不会数数。浩哲说三岁多的悦彤只会从一数到三十，他们很骄傲地回答，他们会数到一百。每天放学，海边有许多小朋友在游泳，时常没有大人陪，大孩子就负责照顾小孩子。Titi和Augustin的五岁女儿就带着两岁的弟弟四处跑。孩子们也很乐于助人。浩哲去岸边接

❖ 瓦伊塔胡村。从崎岖的山路上眺望，*Dharma Bum III* 变得很小

水时，大家都抢着帮忙，于是浩哲只看着他们把水装好，放进我们的小艇，他自己连动手的机会都没有。

不过，若是没有法国政府的经费，整座岛屿应会相当不同。商店里每样东西都贵，而本地的特产只有椰子、香草、诺丽果（Noni）和其他水果。波利尼西亚人有任何东西都会和亲戚朋友分享，Titi说，他们从不需要为孩子们买衣服。而食物也是，一家宰羊，多家亲朋好友都吃羊肉；一个人去买法国面包，绝对是买三四十条。而医疗在此完全免费，由政府义务提供。这里的生活无忧无虑，但是人永远不会满足，很多人有酗酒问题，还好信仰的力量也很大，信徒大多过着有序的生活。

我们也很想留在这里，只是不会想住很久，因为没人可以谈话，也因为悦彤的未来。我们渴求认识知识分子，但是在此知识无用。我们学会了如何制作香蕉干，如果继续待着，当然也能学会其他的食品加工方法，可是在瓦伊塔胡村，知识不如力气，也不如泳技。当地的孩童两岁就在充满尖石沙砾的海水里玩耍，而悦彤快三岁半还害怕得半死，需要大孩子搀扶。反之，有些村民前往塔希提岛讨生活，却发现他们的技能没太大用处，而城市里的波利尼西亚人也遗忘了分享的文化。

我们常常和Titi、Augustin吃午餐，离开前的星期日则和他们全家及Ronald全家一同去野餐。上完教堂Titi和Augustin盛装来接我们，他们上教堂很隆重，穿上最好的白衣，女孩头上戴着花或花环，颈上挂着贝壳项链。孩子们一上小卡车就吃起零食，把干净衣服弄得斑斑点点，悦彤立即加入，当然也弄得一样脏。我们先回他们家准备食物，一锅锅的食物被搬上车，最后还搬上婴儿床。车子刚开到海边，架上已经烤着无数的鸡腿，烤熟后再摆上满满的牛排，然后是香肠，然后是鱼。当然还

❖ 山路上的圣母像

有一大锅面，一大锅饭，一大锅奶油花椰菜，一大锅奶油黄瓜，以及香蕉干、橙子、柚子、西瓜、蛋糕和饼干等。吃完午餐，一些人去海里抓鱼，在海里处理干净，蘸上柠檬汁，又吃起生鱼片。

我们不断为蚊蚋所扰，喷上防蚊液还是无法幸免。当地人觉得蚊虫的问题不严重，他们被叮咬了也不起那么大的肿包，认为我们过敏。小孩子睡着后苍蝇吸吮着他们腿上的伤口，食物若不立刻盖严就会被苍蝇占满，得给猪或狗吃。可见上苍造物还是公平的，肥沃的土壤也适合蚊蚋和虎头蜂。

原本我们打算5月7日星期一出发，Augustin和Titi却坚持要我们一定再去他们家吃午餐。吃过午餐，他们说要准备道别仪式，于是下午时一家人盛装来到海边，交给我们一麻袋柚子、两把香蕉，还有一堆柠檬、香蕉干、椰子和橙子，然后是一大块20厘米见方的瑞士起司，把小艇挤得满满的。最后他们亲手帮我们挂上贝壳项链，再祷告祝福我们一路顺风。满怀着感激不舍，我们划回了家，待我们把小艇搬上船，一切准备就绪，太阳却已落了山。

5月8日早上，经过九日平静的村落生活，我们启程前往塔卡罗阿环礁岛（Takaroa）。启动引擎后，Augustin发现了我们，又来到了海边，依依不舍地挥着手。我满怀感激和感触，心想：Loretta永远都不会知道她错失了什么。

“What for？”**（为了什么？）为了永生难忘的回忆。**

❖ Titi制作香蕉干

❖ Augustin和Titi的孩子们

❖ 村里新落成的教堂

❖ Ronald、浩哲和Augustin

❖ 大人烤肉，小孩戏水

❖ 堆积如山的礼物，依依不舍地挥别

帆船人士的演化 | 再苦，人生也总要有一次逆风而行

老水手们时常感叹：时代真的不同啰。

最早期的帆船人士，大多是狂热分子，追求刺激的生活。简单一艘小船，帆一扬四海为家，船上只有饮用水、米、面及罐头，钓到鱼固然好，没钓到就吃白饭。卫星导航尚未普及，每天用六分仪测定及计算方位。

一到岸，简直是用冲的，孤独在海上数十天，就算是听不懂的语言，都胜过单调的波涛声，更何况岛民们还有多日不见的蔬果、肉类呢。若是和当地文化不抵触，水手们也会狩猎野生动物为食。

如今呢？

就连我们这样的普通人都能随随便便出海了，还带个幼女，我所谓的"痛苦"对那些人而言简直是笑话。其实我和Loretta只是五十步笑百步之别。

浩哲和我特别感叹的是：现今年长富裕的水手们，把旧式水手的空间挤压得越来越紧缩，泊船场、帆船装备、酒吧餐厅等费用都水涨船

高，质量是增进了不少，但荷包干瘪的旧式水手，更糟的是年轻人，再也负担不起他们的梦想。

于是，有钱有闲的退休人士没兴趣和当地人交流，而年轻好奇愿意探索的人，却只好留在家里看旅游频道了。

在巴拿马大多有帆船的人，都是领退休金的。还记得有一天在“水手无线电网”上，有人建议大家去申请老年证，因为六十五岁以上，很多大众工具有优惠。当然这是水手间的玩笑话。

还好年轻人只是稀少了，尚未绝迹。我们也曾遇到过五个加拿大籍大学生，合资买了艘超迷你的小船*Time To Relax*（放松时光号），打算开回加拿大。后来发现实在连站的空间都不够，就又买了另一艘稍大的船*Greif*（格瑞夫号）。*Greif*是一艘很老旧的船，原来的船主卖掉船之前还发了疯，拿着榔头乱敲打一气，打算把船弄沉，后来他朋友看不下去了，才帮助他脱离了水手生涯。他们连上岸用的小艇都没有，只有一条橡皮独木舟。要上岸就一个人坐在上面保护随身物品，四个人游泳推，爬出水面后再换衣服。虽然可以预见五个人住在*Greif*，还要修理一堆破旧设备，这段航程将会很辛苦……

但是再苦，人生总要有一次逆风而行，勇于追求梦想。

❖ 南非

Dharma Bum Ⅲ
SHIP'S LOG-BOOK
航 海 日 志 3
风是这样的
2007年5月—2008年1月
塔希提岛

黑珍珠般的珍贵友谊 | 为什么别人的“船”都在陆地上

塔瓦塔岛（Tahuata）→塔卡罗阿环礁（Takaroa）
2007年5月8日—5月23日

刚离开瓦伊塔胡村，风力就减弱下来。我们看见一群小鲸鱼在海面跳跃，我以为它们是大海豚，可是浩哲说它们的鼻子不一样，是巨头鲸（Pilot Whales）。

除了哥伦比亚的风暴之外，天气持续良好。别人都很讨厌赤道无风带，我们则不然。从加拉帕戈斯开始，我们都没有晕过船，船行得很慢，但是平稳得很。大多数人都希望早日抵达目的地，可是我们喜欢平静的海上生活，只要天气不给我们添麻烦。

每天悦彤跟着我值夜，做面包，晒香蕉。我们的午餐是柚子、橙子和椰子，因为我们不希望丢弃Titi和Augustin的任何礼物。香蕉一起熟透，我们开始吃大量的香蕉，做香蕉干，烤香蕉蛋糕。日子很平静。

离开台湾时我便决定不带很多中文书，如此才能逼迫自己看英文小说。到目前为止，我越看越快，欲罢不能。半夜时悦彤比我睡得久些，我就拿着手电筒快乐地阅读。

因为无风，通常三四天的旅程花了我们六天。最后悦彤受不了香蕉和罐头食品了，快三岁半的她说：“妈妈，我们为什么早上都不吃面包啦？”晚餐时宣告：“我比较喜欢有鸡皮的那种鸡！”其实我何尝不想

❖ 悦彤当然得帮忙做点家事

煮正常的晚餐，可是冷冻库坏了，瓦伊塔胡又不卖青菜，巧妇难为无米之炊啊！

5月13日傍晚，陆地清晰在望，我们放下帆，等天明再进入。

14日早上9点多，我们驶过强劲的海流停靠在塔卡罗阿环礁的码头。

塔卡罗阿是珊瑚礁岛，相当危险。整个环礁只有一个入口，潮差自单一入口出入，因此强劲的海流几乎从不中断，唯有岛内外海水将近持平时，水流才会减弱。十二年前*Dharma Bum II*只有一个13马力的引擎，被潮流吸在边缘，浩哲开着引擎，勉强平衡着，我们才没有撞上散布在四处的礁岩。这次*Dharma Bum III*有两个40马力的引擎，情况不可同日而语。

首先，我跳下船倒垃圾，并去找商店。结果失望极了，因为店里冷冻库空空如也，而且这里依旧没有青菜。我问了十二年前就认识的奥地利老板，他说上艘来自塔希提岛的轮船没有带冷冻鸡肉，所以没有。可怜的悦彤还是得继续吃没有鸡皮的鸡。

浩哲去找Pita（皮塔），他也搬了家，从村里搬到了以前我们去过的度假小屋。于是他搭便车去找Pita，我则带悦彤去看鱼玩水。鱼群甚多，且色彩鲜艳。悦彤坐在浅水处抓蜗牛，捞亮蓝的小鱼，玩得不亦乐乎。我担心她晒伤，于是强迫她回家。然后我想，船后面有阴影，可以带她去游泳。入水后，才发现海流多强多危险，我一手拉着船，全身就水平漂在船后，试着放手一秒，结果花了极大力气才游回来，所以只好又逼她回船。

至此，悦彤被骂多次，也开始生气，不再听话，于是浩哲带她上岸骑自行车。岸边有好几个小朋友，他们也有问不完的问题，可是他们和瓦伊塔胡的孩子很不同。他们说着英文脏话，问我那些词句是什么意思，然后讲几句话就朝地上吐一口口水。

傍晚，Pita带着他的女友Lucie（卢西亚）来了，带着可口的蛋挞。叙着旧，Pita不时说着："Mon amie！Mon frère！"（我的朋友！我的兄弟！）摇着头不敢相信我们真的万里迢迢又回来看他。十二年前他的儿子George（乔治）还是个孩子，现在George的妻子怀个男宝宝，四十二岁的Pita很快要升级做爷爷了。

我们约好第二天前往他的住处停船。因为岸边状况很差，到处是蚊蚋，十二年前还有米虫、面粉虫爬上我们的船。晚上青少年来了，推着音乐车在岸边跳舞聊天。我们有点失望，十二年前这里的人自己弹奏奇形怪状的乐器，创作出特殊的音乐，现在这里的人依旧喝酒、抽大麻，但是却只放起流行音乐来充数。

太平洋岛民原本过着平静悠闲的生活，直到外人前来打乱了他们的平衡。西方文化强势要求岛民接受新规范、宗教信仰和掩盖身体的服饰，同时被引入到日常生活里。时间逐渐流逝，与世界接触更加频繁的岛民进一步接触了新科技和唯利是图的商人，很多人迷失在电视和物质欲望里。最初半强迫岛民去接受的宗教信仰，如今却转变成了中流砥柱的灯塔，使岛民们不致在新旧价值观交替时迷失了方向。Augustin是虔诚的教徒，生活有序；而Pita这群人却迷失在异族文化的洪流里了。

早上我去其他两家商店，找到了点冷冻羊肉和一些卷心菜，不过蛋要等下午的飞机送来。浩哲无法等下去，因为潮汐平衡的时间很短，我们得立即出发。Pita当然没来，据以前的经验我们就知道他不是很可靠的。我们戴上偏光墨镜，浩哲掌舵，我在前方指挥方向。

塔卡罗阿环礁是世界上最大的黑珍珠产地，所以我们要避开的不只是珊瑚礁，还有浮球和缆绳，当然绝不可以撞到珍珠贝，赔都赔不起。我小心翼翼看着海面，直到看见一个沉没在水中的浮球，我心脏简直停了一拍，大叫："Stop！Stop！"（停！停！）浩哲立刻把操纵杆拉到中间，还好缆绳没绞进推进器里。

找到了Pita的家，Pita跳下水游过来指挥停船。他要我们把锚放在珊瑚礁岩上，可是这样就得把船开得很近，撞上去就惨了，所以我们很担心。Pita在海里抱着锚游泳，累得半死，经过数次前进倒退，几次功败垂成，才把船停好。第二天Pita又带了缆绳和浮球，把船的四角拉住，于是*Dharma Bum Ⅲ*变成了只四脚大蜘蛛。

Lucie在珍珠场工作，Pita则待在家。这里的房子是自供水电的，因此家家户户装设着超大的水塔，屋顶铺设有沟槽水管，连接到水塔去，以便在下雨时接水。Pita有很多太阳能发电板，分期付款十五年。有些家庭则选择发电机。我到他家借洗衣机，他的洗衣机是半手动的，洗好

后移往脱水机，拿出来泡水，用手洗去肥皂后，再脱干一次。他的家也很简单，客厅的一角是厨房，摆放着炉子、冰箱、电视、沙发和茶几。一间卧室，里面只有床垫，没有橱柜。最后一间是厕所，要冲马桶得从外面提水。

十二年前我不喜欢Pita一伙人，他们非常友善，但是生活惨不忍睹。塔卡罗阿的一日很早开始，人们5点上班，所以Pita这群人4点就起床，7点开始喝酒。有时喝全天，有时会克制一下。Lucie说，周末时几乎全岛喝醉，到商店的酒卖完才停。喝醉的青少年会拿石头砸房子砸船，小偷也会借着醉意出没。Pita和另外一个久识的朋友Lucky Luke（幸运路克）说星期六要来拜访，结果呢，一个都没出现。星期日上

❖ 塔卡罗阿环礁

午，我们去岸边时，他们对星期六的事只字未提，双眼发红，已然喝醉，而且仍在继续喝。整日只吃些垃圾食物，最健康的食品是罐头、香肠与意大利面。

❖ Pita家前的“池塘”

❖ 虽然已成大蜘蛛，前方的礁岩仍教人胆战心惊

❖ 美丽的黑珍珠树。后来悦彤跌倒压坏了

❖ Lucky Luke和Pita

无从改变别人的生活，回报热情招待，也只能请他们到*Dharma Bum Ⅲ*喝酒，不过，我放些橙子和苏打饼干加起司在桌上，希望他们至少垫垫肚子。不赞同又奈何？Pita的父亲也放弃了说教，我一个外人又能改变什么？

离开前他们送了一大堆黑珍珠，足够悦彤做项链、耳环和手链，还有一棵贝壳粘起来的珍珠树，送给我们这种没艺术细胞的人简直太浪费。Pita来帮我们起锚，可是天气极差，风雨不断，于是我们决定第二天再走。

5月23日，一个无云的晴天，Pita再度游过来帮我们起锚离开。原本打算前往另外一个环礁岛，但因引擎底座松动待修，决定立即前往塔希提岛。悦彤结束了九天在塔卡罗阿被Pita、Lucie以垃圾食物宠坏的生活。可惜的是，岛上仍旧没有鸡和蛋，鸡皮得等到塔希提岛啰。

3Y5M（3岁5个月）悦彤已经学会我们半英半中的坏习惯

“为什么别人的Boat（船）都在Land（陆地）？”我听不懂，皱眉问她：“What do you mean?”（什么意思？）

悦彤手指着Pita 的“房子”，说：“就是啊，你看，Augustin和Pita叔叔的Boat都在Land啊！”

坏征兆，月亮映出了彩虹 | 天将降大任于斯人也，必先苦其心志

斐济（Fiji）的步枪湾（Musket Cove）→基里巴斯（Kiribati）2007年10月21日—11月10日

18世纪著名的航海家威廉·布莱船长（Captain William Bligh），受命到塔希提岛拿回面包果以便移植到西印度群岛，历时十一个月才到达。回程时，以弗莱彻·克里斯坦（Fletcher Christian）为首的船员叛变，不愿再踏上茫茫归途。据此得以想见旅途之艰辛。

水手们总说，**风是这样的：若非太强，就是太弱，如果风力恰好，绝对是从船头迎面而来。**

从斐济到基里巴斯的旅程便是如此。1200海里，大约需要十二天，我们却航行了二十一天。风总是来自前方，所以我们的船往东又往西，就是无法航向位于北方的目的地。

启程第一天（10月21日）风很大，又是逆风而行，我和悦彤都瘫在床上。

第二天起，风渐行渐弱，但来得急去得快的飑风（Squalls）[①]不时来袭，于是我拿出桶接雨水。接连一周都没什么风，但由于飑风的来向

① 飑风：风速突然增大，上升时至少8米/秒，下降时至少11米/秒。

❖ 躲猫猫，你找到我了

❖ 某天，有条剧毒的海蛇游上来，还好我们及时看见把它赶走

极不稳定，浪就又大且来自四面八方。一夜我们见到月亮映出了彩虹。浩哲说，根据航海书籍，这是坏天气之征兆，不过，我们却深深为此闻所未闻的奇景着迷。

连续几天船跟着浪头剧烈摇摆震动，震到最后前帆被刮破了个大洞。第九天我们把帆降下缝补。夜以继日，预计要缝一周以上。

第十二日，强风把风力发电机的风扇吹断了一叶。巨浪强震使得喝汤、喝水都相当困难，桌上是放不住汤碗、杯子的，得握牢或放在地上随它溅泼。

第十三日，远方看来不起眼的乌云演变成强大的暴风雨，最大风速56.7节。我们完全措手不及。担心主桅被风吹倒，浩哲拟把船转向顺风而行，减轻帆和桅杆之压力，但扯满风的主帆却不受控制。着实受了惊吓的我们，接下来数日，都降半帆航行。

长期逆风加上强烈震动，前方的防护网被震破了；前舱的舷窗对抗不了翻上来的浪头水压，每次浪打来舱里就下起一阵海水雨；船头两个储藏室积存了满满的海水，因此泵就泡坏了；然后浩哲还发现，锚链从排水洞掉了出去，我们不知已有几日拖着又长又重的锚链在航行。接下来海水泵踩不出水来，浩哲检查发现水管内长了些贝类，他把贝类刺穿，却发现舱底海水快溢出来了，而污水泵又坏了。

每天致力排水擦水十余次，很多书成了泡水书，罐头被喷得生了锈，我开始默背“天将降大任于斯人也，必先苦其心志……”却绞尽脑汁想不出我在基里巴斯将会有什么大任。

第十九日，GPS坏了，幸亏我们船上有三个。

全船被浪打得黏黏的，不开舷窗很闷热，开着舷窗就得冒着浪打进来的风险。浩哲不开窗，于是他总睡得满身大汗；我不开窗睡不着，一夜一个大浪，我和悦彤睡梦中洗了个海水澡……

第二十一日（11月10日），几次东西转向，缓慢朝北方的基里巴斯塔拉瓦环礁（Tarawa）航行，强烈的海流雪上加霜地拖慢了时速。最后剩下13海里，我们决定用两个引擎全速前进。逆风又逆流，时速仅2海里。倦极的我们考虑效法弗莱彻·克里斯坦呢。

进了港抛下锚，事情就结束了吗？不是！休息了一夜，全日休整，正打算吃晚餐，却开始吹起强风。附近四艘轮船定不住锚，开始漂流，我们*Dharma Bum Ⅲ*只撑了十分钟就加入漂流行列。浩哲转开两个引擎掌舵对抗最大风速43.2节，持续风速30节以上的狂风暴雨，我聚精会神看着电脑，看船是否定在原位。站在迎风而湿冷的驾驶区两小时，浩哲冷到抖个不停，悦彤没吃晚餐就晕船睡着了，我们到9点多才心有余悸地坐下将就吃了晚餐。事后长驻此地的朋友告知我们，这是最近七八个月来最强的风暴，而之前已经很久没下雨了。对当地人而言，是大旱之望云霓，对我们来说，却是场惊魂记。

❖ 和风雨搏斗

❖ 浩哲把我吊上桅杆修理东西

浩哲的爸爸问我们，那么辛苦怎么还要继续？他说得很有道理。浩哲日日跟坏掉的东西奋战；我则每天擦洗不完，富贵手越来越严重；航海时悦彤瘦到我心疼，不是晕船就是伙食太差没胃口。其实我们大人也是，我有天梦到自己瘦到47公斤，吓得我第二天狂吃一气。风大时心惊胆战，无论是在海上还是靠岸，都睡不安稳。事实上，在斐济劳托卡（Lautoka）半夜时起了狂风，就把我们吹上了礁岩，幸好只刮伤了点船底。

那么辛苦怎么还要继续？

3Y6M（3岁6个月）

“苹果是长在树上，人拿下来放到Shop（商店）里，我们去买的，对不对？”

“鱼是人在海里抓起来，再煮来吃的，对不对？”

她看了看烤乳猪，直说：“好可怜哦。”

我问她难道不吃猪肉，她回答：“我吃Shop（商店）里买的，那种正方形的呀！”

3Y7M（3岁7个月），于东萨摩亚

一天晚上，我在床边哄悦彤睡觉。她轻声问我：“妈妈……”

“嗯？什么事？”

“你死了以后我要怎么办呀？”

我移过身子抱紧她。“哎呀！妈妈还要很久很久才会死啊，而且那时候，你就长大结婚了，有你的先生可以照顾你。好了，别担心了，赶快睡觉了。”

她闭上眼睛一会儿，又睁开眼睛说：“妈妈，我明天去商店买一个Husband（丈夫），他长大以后就会变成妈妈，好不好？”

door ta adults

e club with the swing in nature.

Swing

place to hav
a nature
walk

loor to the hamak

基里巴斯（Kiribati）
2007年11月10日—2008年1月11日

塔拉瓦环礁分南塔拉瓦和北塔拉瓦，南塔拉瓦是首都，拥挤地住着约6万人——这是超过半数的基里巴斯人口。事实上，基里巴斯共和国虽然分布于极大海域，陆地面积却极小。

大部分政府部门设在拜里基（Bairiki），我们停在贝寿港（Betio）。

没有够高的屏障，海浪直入贝寿港，浪高常超过1米。对四岁的悦彤而言，上下小艇像“不可能的任务”。我们总分工合作，浩哲先入小艇，我扶抱穿安全夹克的悦彤等着，等浪把小艇推上来，我就眼疾手快地把悦彤**扔下**给他。

即使已停泊，我们仍常晕船。一日我洗碗时，葡萄酒杯掉下来摔破了，受够了的我哭了起来。浩哲安慰地说：“只是酒杯而已嘛！”可是不是的不是的，成天摇摇摇，连开门透气都会被门打到，切菜时零零碎碎震落一地。

从斐济到塔拉瓦，经过无数次飑风的洗礼，检视损害时，浩哲发现左支索不锈钢盘裂了缝，喃喃地说：“天哪！差点桅杆就倒了，幸好幸好……”此时，快四岁的悦彤瞄了一眼接话了：“Papa，just use a toggle！”（爸爸，用套索钉就好了啊！）

❖ 基里巴斯小舞者（周民淦提供）

❖ 当地小学（周民淦提供）

这样的左支索当然算是一等警戒，找了当地的修船场帮忙，每天催也没有进度，但是每回过去，都看见工人悠悠闲闲地在下棋，有位还跟我们说他是从高雄进修回来的。好不容易修好了，我们却对成品大失所望，这里只求实用，修得丑陋不堪。在加勒比海每次都修得漂亮如新，但回想起有时发现他们只重表面功夫，英寸和厘米都能混用，也就心平气和下来。能用就好。

这种不重美观的修理方式或许和基里巴斯强悍的民情有关。靠海吃海又不怎么爱做计划的基里巴斯人，常漂流海上被人救起，一本介绍当地的书访问了在海上漂流两个月的基里巴斯渔夫。

“什么？你们白天就跳进水里以防脱水？那若是遇到鲨鱼怎么办？”

“嗯，是啊，我们是有遇到很多鲨鱼。很可惜的是，它们很难捉……”

围网渔船（Purse Seiner）的船长说他曾救过一艘漂流三个月的基里巴斯小船，船上的人们仍然状况良好。经过技术人员检查，啊，原来他们的引擎喷油管脏了，才会无法发动，清一清就运转了。我觉得诧异的倒是：**这些人的身体是铁打的啊？漂流几个月还状况良好？**

每逢上岸总看见一群面带微笑的人，当我启动引擎或停放小艇时，面对多双目光灼灼的眼睛，不免有点小小的紧张。但是他们没有恶意，只是好奇罢了。

根据统计，此地的雨水足以种植露兜树（Pandanus）、面包果和香蕉等作物，不过我们适逢干旱，人们甚至得从越来越深陷的地面抽取地下水。原本环礁岛的土壤便偏咸且薄，于是食物的选择也就不多。这里的平价零食是**海虫干**，把泥沼里的海虫（Sea Worms）洗净晒到干硬后，吃起来很有嚼劲，味道还不错呢。当地人对食物的看法是：龙虾实在不登大雅之堂，因为它们总在海底扒食垃圾，若要请尊贵的客人吃饭，一定要去店里买些昂贵的腌牛肉（Corned Beef）罐头。

现代医疗降低了婴幼儿猝死率，近年来渔获量也逐渐减少，食物来源成为长期问题。环保人士对围网渔船相当不满。船上置有直升机，在空中侦测鱼群。海底四面一围，一次渔获量三四百吨，小鱼亦未得幸免。我曾问在斐济的韩国船长，为何不把网眼加大？他叹口气："加大没用的，小鱼被挤压就全死了。捞上来后，经济效益差，又全数丢掉。"

但话说回来，在塔拉瓦，我们的同胞为改善当地饮食不遗余力，土壤贫瘠便以当地随处可见的椰子实验堆肥，种植西红柿、冬瓜和种种叶菜，希望以维生素改善当地人的健康。塔拉瓦的野狗凶悍，当地人教我们散步时需捡石块自保，而当一位小男孩被野狗咬得遍体鳞伤时，也是由台湾资助的医生救了他的性命，后来还安排他到台湾整容，头两侧做了自体移植的义耳。

我们参加捷兔俱乐部（Hash House Harriers）的活动后，亦辗转认识了驻此地的新西兰和澳大利亚大使及美国和平队（Peace Corps）的成员（其中还有个小笑话，起初我不知道Corps的p不发音，念成Peace Corpse——"和平僵尸"了）。活动增多了，跟澳大利亚的义工聊下来，却有小小的感慨。

来自富裕的澳大利亚，义工们开着崭新亮车，住在冷气房里。一次，有位先生说："我们实在应该再多一个名额，专门管理协调义工们的方案才是！"我心里反驳着：可是当地多户人家连厕所都没有，好多没地方住的人就栖身于Maneaba（小区集会的大茅棚）啊！

后来，我结识了阿洪。阿洪从一小船大米起家，完全和基里巴斯人的生活融合在一起。起初我非常不适应他"土人"这"土人"那的，但后来发现，土人都是他的好朋友，甚至他老婆都是土华人，胼手胝足自己打造的房子也很土。外岛土人都喜欢跟他做生意，因为他为人慷慨，很对土人的胃口。事实上，除却比当地人富裕，还有会说中文这两点，他跟当地人看来并无二致。或许人们年平均所得的相近度和人们了解彼此的程度成正比吧。

日渐上升的海平面逐渐淹没着塔拉瓦低矮的土地，我们曾走过的足迹是彻底被冲刷掉了，但是这狭窄的环礁岛，却已在我们生命的历程里刻下了不可磨灭的痕迹。

每逢捷兔俱乐部的活动结束较晚时，有车的人便会送我们回贝寿港。几次我们坐在露天的小卡车上，乘风戴月而行——明月，椰林，凉风，浪涛声，甩着奔飞的发丝，四岁的悦彤问道："妈妈，你真的确定月亮没有跟着我们走吗？"

❖ Maneaba，基里巴斯的村民集会所（周民淦提供）

❖ 脏？不过是泥浆嘛！等会儿海里游一下不就成了？（周民淦提供）

❖ 脆皮乳猪，基里巴斯国宴重头戏（周民淦提供）

❖ 塔拉瓦岛狭处，潮起时所剩余的零散陆块（周民淦提供）

❖ 出海捕鱼啰！（周民淦提供）

❖ 雄壮威武的基里巴斯舞（周民淦提供）

那么辛苦为什么还要继续？

累了，不知为何辛苦的感觉一点一点扩大。就在此时接到一个消息：一位居留台湾的德国朋友于台风天跳水救溺水的同伴，自己却不幸溺亡。

不知不觉也上路两年了，最大的收获是四处结交了好朋友，没有一天平淡无奇。有时害怕或伤心，但从未感到无聊。还记得在台北，每天轮流去那几家餐厅，周日连散步的路径都没几条可选。前几日看到了新闻转播，发现内容竟大同小异（不过，有些人名更换了）。

先前浩哲的爸爸问我们，那么辛苦怎么还要继续？

就是因为每到一处就有人“蛊惑”我们继续漂泊。在基里巴斯的台湾朋友非常热心友善。别人都说在这里没青菜可买，但他们的盛情，让我们快被迫改吃素了。当地教会一百五十周年庆时，我们一家有幸被朋友介绍给基里巴斯总统，丢脸的是，悦彤居然拒绝和总统握手。庆典结束的盛宴，食物摆满了大厅，其中还有五只烤乳猪。

航海生活就是这样，辛苦万分，却也多彩多姿。悼朋友的同时，我俩振奋起来，生活虽苦，各地朋友的盛情足以弥补一切。

❖ Arne（阿尼）提供

❖ Elie（伊利）提供

飑风总是接二连三 | 仿佛置身于惊悚片中

基里巴斯（Kiribati）→马绍尔群岛（Marshall Islands）
2008年1月11日—1月16日

离开基里巴斯贝寿港的当日，是个风和日丽的大晴天。天气好得让人想唱歌，一切完美得像拍广告。

平稳的日子持续到了第三天傍晚，多云的天空趁我们不注意时阴沉了一片，狂风暴雨立即席卷而来。天气总是说变就变，让人措手不及。浩哲匆忙缩小船帆，我正在洗澡，听见浩哲急声催促，不及擦干，就慌忙跑去掌舵。飑风只持续了五分钟，天气就恢复正常，但浩哲却说："飑风总是接二连三的。"于是，我们仅扯着半帆，如老牛拖车，行进得更慢了。

夜间值班警戒，大雨不断，风向及风速也极不稳定，我庆幸着浩哲的先见之明，虽然得顶着风雨坐在舵盘前，但至少半帆降低了危险。悦彤不爱和我长久待在外头照看船帆，在舱内一个人用手电筒玩过家家，抱怨声中累了也就在沙发上睡着了。

清晨4点左右，一个巨浪过来把船身抬到了45度角，抽屉整个滑了出来掉在地上，舱内一大堆东西散落。不及收拾，我先去外头看风速，仪表盘上写着大约40节，我连舵盘都转不动，只好大叫浩哲出来帮忙。浩哲把船稳住时，我开始捡拾舱内的零散物，所幸只有些CD的盒子摔破。等狂风结束，浩哲重新回床，我却闻到了柠檬香，百思不得其解的我翻着各个储物格，终于在地板下发现，浓缩洗洁精的盖子不知怎的掀开了，容器内只剩下了一半，浓稠的洗洁精沾染了大量储物。幸好地板下的储物格只有玻璃罐和塑料罐，看样子两年多来的航海生活，从错误所学习到的教训，还是增长了我不少智慧。

第四日，浩哲和我累到不行，悦彤倒是精力充沛。乌云密布，一丝阳光不见，两人都湿透了。我冷得发抖，雨衣内穿着冬天外套，但外套湿了，受风一吹反倒更冷。浩哲放弃穿脱雨衣，干脆赤身掌舵。补觉时我的脚趾久久才恢复温暖，悦彤在室内倒闷得发热，拿起我冻得发白的手脚放在她身上散热。水槽内摆满湿透的衣物毛巾让它们滴水，心情也跟着愁云笼罩。屋顶滴滴答答漏着水，地毯、抹布、沙发垫都被雨水浸湿，舱内四处置满盛水容器。嗯，至少雨水比海水容易晒干。

上午10点，浩哲正补觉，不知是第几号的飑风又再度来袭。我调整着行进方向，使帆的受风面减小。浩哲不放心，掀开舷窗问风力究竟多大，我往仪表瞄了一眼："45节！"口中正回答他，耳中却传来巨响，拉住前帆的缆绳居然断了。惊恐万状的我目瞪口呆，忽然失去行动能力，仿佛陷入一场噩梦，亦仿佛置身于惊悚片，只见两三条缆绳纠结成了辫子，一大片帆布被暴风扯离入海。仅仅半分钟，前帆已来不及补救。

听见我的惊叫，浩哲迅速出来指挥大局，听见他叫："快卷帆！快快快！"我才从电影情节中回到现实，不过脑中帆布片片飞去的景象，依旧慢动作一遍遍重演着。

卷好前帆，降下主帆，让船漂流。风太强，雨太大，人太累。检查发现，缆绳纠结时还扯破了扇上舷窗，屋漏偏逢连夜雨，只好以胶带粘

❖ 飑风。这当然不是我们措手不及时拍摄的。等前帆成了碎片，两人疲惫惊惧时，也就没心情拿出照相机了

❖ 飑风不时造访，连货轮也不免搁浅

❖ 趁低潮时洗船，这方法只有在沙洲可行。高潮时把船驶入，等待潮落，俟船触底，便尽快刷洗或修理平常接触不到的地方。潮起时再尽快上船驶离

起舷窗，减少漏水。冒着风、雨、浪，把小艇吊高，拿出备用前帆，但是天气太糟太危险，我们不敢取下残破前帆换上新的，于是决定休息一晚。

随波逐流，洋流慢慢把我们送回基里巴斯。整夜整日大雨倾注，我们等船完全洗净后，盛接了75升水。基里巴斯的水质不佳，苦候甘霖的我们，在茫茫大海中得到了纯净的饮用水。不过以前帆和舷窗为代价所换来的水，也着实太珍贵了些。

漂流二十四小时后，第五日上午11点我们再度扬帆前进。风时大时小，来向不定，备用帆也被扯破。大雨滂沱，持续到第六日下午。云层渐散，太阳亦从羞涩偶尔露脸，进而迅速普照大海。乌云仍不时飘来，但已不复层层叠叠。随着雨衣、毛巾、衣物逐一晒干，心情也跟着好

❖ 悦彤与马绍尔侨胞小朋友

❖ 住在当地的同胞来访，好友Kaspar（卡斯帕）和Steffi（施特菲）也在座

❖ 船底船侧那么脏，我俩跟潮水竞速

转。晚间时到达马绍尔两环礁Arno（亚诺河）和Majuro（马朱罗）间，点点灯光清晰可见。风已稳定下来，夜间值班警戒时，终于有时间陪悦彤玩耍，看星星、灯光。

第七日早上听VHF68马绍尔水手信息网（Marshall Islands Cruiser's Net）的气象报告，原来我们遇上的天气叫赤道辐合带①。

1月17日，我们抵达马朱罗市（Majuro）。

① 赤道辐合带英文简称为ITCZ（Intertropical Convergence Zone），东北信风和东南信风辐合带，辐合后气流上升，使气压下降，形成对流云而产生暴雨。南北回归线间（南北纬23.5度间），随季节南北偏移约5度。

❖ 悦彤在超大三体船*Wind Swept*（扬帆号）的弹跳网上开心地跳

Iokwe！你是天边的彩虹！ | 唯有一路辛苦前行，才能领略细节之美

马绍尔群岛（Marshall Islands）→马朱罗市（Majuro）
2008年1月16日—4月22日

Iokwe（你好），是我听过的最富诗意的问候语。马绍尔语把欢迎的心意融会于语意之中，有什么能比横跨环礁上空的彩虹更美丽的呢？

怀着渴望认识当地人的心情，浩哲积极参与一群当地人的聚会，并邀请他们到*Dharma Bum Ⅲ*参观。这群人其实来自各处——马绍尔的科斯雷（Kosrae）和诺鲁（Nauru）。

来自诺鲁的Johnny（乔尼），是这群人的聚会中心，因为他家在海岸超市边，买酒方便。虽然他受过良好教育，在马绍尔电视通讯公司的薪资却只有一小时3美元。他送孙子上公立幼儿园（是的，通常年届五十，就有十几个孙子孙女），每半年学费10美元。但是马绍尔的富人却把两岁的幼儿送到每月学费120美元，还常常加收杂费并要求捐款的Co-op（合作社），再请一位保姆，全程陪孩子上课。在诺鲁时，诺鲁电信付不出Johnny的薪水，就送他一条电话线，以安装费和电话费扣抵他应得的薪资。他觉得这倒也公平，直到一天，诺鲁电信又把号码给了别人。

Anton（安东），马绍尔人，在瓦斯公司工作，是个捕鱼高手，哥哥任职外交部长。他在这群人中，是食物供给者，于是他从不需买酒。

这里的啤酒可是超贵的呢，一小瓶价位在1—1.75美元间（想想他们的时薪）。他捕捉鲜鱼，当场制作新鲜生鱼片、烤鱼、烤中卷。浩哲不喜欢海鲜，却欣赏Anton的食物简单美味。

3月23日，今天悦彤寻找复活节彩蛋，这群密克罗尼西亚（Micronesia）人几天前便约好来我们家玩。于是我做了葱油饼和爆米花来欢迎他们，不过，他们却爽约了。跟加拉帕戈斯群岛的Miguel一样。空等了一日，我们不免有些失望，也罢，文化交流的第一步，理应是谅解对方与我们的差异。

在第二次世界大战时，基里巴斯和马绍尔都是惨烈的太平洋战场。战后的1946年到1958年，美国选择了马绍尔的比基尼环礁及其邻近地区进行二十三次核子试爆，当时科学家们低估了辐射的影响，核试完毕迁回比基尼的村民，发生了病变后，又重新迁村至基利岛（Kili）。后来妇女编织提篮称作Kili Bag，该国曾把提篮赠送给肯尼迪夫人，杰奎琳曾公开提用而引起国际注视。直至今日，村民仍得以他乡为故乡，专家们测试岛上种植的蔬果，也仍然不能食用。

当法国人设计出轻薄短小的泳装时，借媒体之余威，取了比基尼这个名字，把泳装的劲爆程度和核试时的蘑菇云，做了永久的联结。不过，对传统马绍尔妇女而言，穿上比基尼，简直是邪淫不堪的行为；在传教士抵达前，妇女们通常是露胸的，但是腿部，即便是能看出腿形的长裤，都被认为不雅。

谈到马绍尔的文化时，我们感到改革困难重重。传统文化对于亲族的照拂，保障了弱势者的基本生活，但也掣肘了现代化的进程。土地分

❖ 围网渔船上置有直升机，以便寻找鱼群

属众多亲族，承租人没有保障，签下租约几年之后，高楼都盖好了，说不定还冒出个有土地权的人跑来说你没征求他的同意，租约不算数。征收土地盖机场很难搞定。帆船停在离陆地很远的地方，没问到**每一位**地主，当地人还是可能把缆绳切断。

所有水手一致认为基里巴斯人比马绍尔人友善且勤奋，但却也都贪图马朱罗市的方便。

对我而言，马朱罗的生活算是清闲的，贝寿亦然。差别在于，贝寿的购物方式是：超市里有啥买啥，必要时要“抢”购。没有？那就不买啰。既然没有比价的必要，我便常常在船上偷懒，叫浩哲随便买些。马朱罗则一切都很方便。来到这里的第一天，船不再震了，不必一手扶着前后摇晃的门，一手帮悦彤洗澡；悦彤也不再抱怨**门一直“打”她**。我

❖ 烤鱼会，右一是Johnny，右二是Anton

❖ 围网渔船渔获量很大

突然发觉，习惯了晃动的贝寿港，连平稳的地面都让人想谢天。洗衣服也有很大的差别。这里的自助洗衣店就在岸边，一机1.5美元，若搭车到市区，还更便宜。在贝寿，若要去同胞朋友那儿借用洗衣机，来回车程需三小时；在船上手洗，则需要从岸上接取大量清水。浩哲站在小艇上，拿着20升的水，浪头翻过去时，他的头顶距离我所站的地面，经常上下差距1米半，我得从他手中惊险万状接过重达20公斤的水箱。至于购物，这里出租车一趟75美分，而在贝寿，公交车不途经小艇停泊处，有天我买了箱矿泉水搬回家，背痛三天。

但亦唯有辛苦一步步行来，才能领略细节。各地的文化，在生活中挥洒了鲜明的色彩。基里巴斯雄壮威武的歌舞，壮硕的男女脚踏拍子时就天震地摇。塔希提岛柔情万种的花环，在比基尼女郎头上轻轻晃着。自然环境造就了文化，文化形成了习俗，习俗影响了每个人。

一同学习成长

抗忧郁症的药物老早就停了，生活的转变似乎让浩哲摆脱了它的纠缠，有时他也生气，不过我自己也曾在悦彤胡闹时扔枕头，朝天呼啸宣泄过情绪。一家三口二十四小时在一起，脾气无所缓冲，缺点无从遁形，夫妻及亲子关系极其紧密，有时也透不过气来。

浩哲从来不是个耐心的父亲，我俩也痛恨跟悦彤玩过家家，深感无聊无趣至极，于是悦彤每每取走我们手中的玩偶抱怨："你们怎么都不会玩哪？！"

唯一和谐的亲子活动是念书给她听。有一次，浩哲念了《小鹿斑比》给她听，她觉得人好残忍。于是她宣告："妈妈，我不要再吃肉了。"

"哦？你不吃鸡肉了吗？以前不是最喜欢鸡皮吗？"

"可是人都杀死动物来吃耶！好可怜！"

"那香肠呢？培根呢？"

"**它们**也是动物吗？"（开始觉得舍不得了。）

"当然是啊！它们是猪肉做的啊。"

"那不吃了……"（语气迟疑，有点不情愿了。）

"那你以后吃什么？"

"红萝卜、青菜，还有汤呀……你和爸爸也不吃肉了好不好？斑比好可怜哟！"

隔天，我烤了鸡腿，她兴致勃勃吃了起来，我问她："你不是不吃肉了吗？"

❖ 悦彤在贝寿过四岁生日，礼物是超贵的柳橙

“不是我杀的呀！”

某次浩哲和我讨论着悦彤的种种缺点，浩哲下结论说：“其实都是我们父母的错，没把她教好！”

到了晚上，悦彤又做错了事被我责骂，她突然义正词严大声地说：“还不都是你的错！”

我愣了两秒：“你胡说什么呀？听不懂。”

“爸爸说的呀！”她得意扬扬。

某日散步时，悦彤突然说，有位“布当天灵小”，住在乌云上，他动一动天就会下雨。

下雨天，悦彤一蹦一跳地告诉浩哲：“爸爸，你不可以叫布当天灵小不下雨哟，因为我们需要接好水才能喝。”

整日倾盆大雨，浩哲无法在户外工作，就跟悦彤说：“下够了吧，可以叫布当天灵小停下来了吧。”

“可是我没办法打电话给他呀！”

“为什么不行？”

悦彤转头问我：“妈妈，我们住在天上吗？”

“当然不是呀，我们住在船上。”

于是她一副理所当然的语气：“对呀，我们离云太远了，所以没办法打电话给布当天灵小呀！”

她又说：“妈妈，你知道天是怎么掉下来的吗？”

我：“不知道，那你知道吗？”

悦彤：“我当然知道，我跟布当天灵小去过呀！天有两层，上面是布当天灵小他们住的，下面就是我们看到的天空。拉天空的线很细，跟你缝衣服的线一样。布当天灵小他们不在的时候，小太阳就偷偷剪断下面的线，天空就掉下来了。可是他剪不到上面的线，因为他太矮了。布当天灵小他们回来就很生气，又要修理天空！”

看法随期待而定 | 没有期望，也就不会失望

马绍尔群岛（Marshall Islands）→瓦努阿图（Vanuatu）2008年9月16日—10月10日

拖到9月16日才启程。今年三大节竟都在马朱罗度过了。

之前三次南北向的旅程都飑风不断，这种天气已在我们预料之中。记得有位美国朋友曾说过："It's all about expectations."**（看法随期待而定。）**

没有期望，也就不会失望。夜间值班警戒时，我们就穿着雨衣坐在

❖ 平静的日出

4Y9M（4岁9个月）

我一次都没看见坏人，坏人都躲到哪里去了？

舵盘前，而且干脆用半帆行进，避免临时起大风时措手不及。于是这趟旅程反而没有预期中的可怕，即便从16日到21日雨衣都是湿了又干，干了又湿的。

风渐行渐弱，22日，我们进入了赤道无风带。大多数帆船碰上无风时，便改用柴油驱动，像Kaspar就一天开引擎二十个小时，但我们决定等待。于是船在阿拜昂环礁（Abaiang）附近漂流了数日。日夜帮悦彤上课，晚上教她认星座，除了等风等得有些失去耐心外，日子倒也过得惬意。

23日傍晚，一群海豚途经*Dharma Bum Ⅲ*，愉悦地纵跳离去。我们却依然原地打着转。晚间，我叫悦彤在她的日记本上画海豚。无人的海域，似乎到了天之涯。25日下午，闷热无风，正打算带悦彤在外面洗澡，突然听见引擎声，直觉是不知哪个泵坏了，拿着香皂、毛巾出去检查，却远远望见一架直升机，吓得我连忙冲进舱穿衣服，悦彤光溜溜地蹦跳着跟飞行员打招呼，头发兴奋地奔飞。直升机低飞环绕了两圈，双方招了招手后，他们便飞离了。事后我们猜测，大概是我们在原处滞留

4Y9M（4岁9个月）

“妈妈，如果爸爸死了，我们会不会有Holiday（假期）？”

“什么意思？”

“就是你上课讲的纪念日啊！”

太久，围网渔船看着雷达觉得奇怪，于是来瞧瞧有没有出事。

28日，悦彤的日记本添上了猎户座（Orion）和橘色新月，因为月亮升起时是橘色的。白天我们看见了几只海鸟，其中一只有红色长尾，查阅百科全书，它名叫红尾热带鸟（Red-tailed tropicbird），又远远望见一只海龟。于是四岁半的悦彤又有了新功课。

29日，一对鬼头刀（Dorado）夫妇绕着船游了数小时，在平静的海面下，蓝绿色的两条大鱼形影不离，骨碌碌的大眼，好奇地看着我们，但当我们举起相机时，却一溜烟潜进了海里。

当然，帆船生涯不可能完全免于忧虑。无风时，帆总摩擦着桅杆，我们心疼地看着才从香港定制快递到马朱罗的全新前帆渐渐磨损。19日时，浩哲发现左侧引擎漏出大量机油。25日时，右侧引擎三角皮带断了，无法发电。浩哲降帆时不慎掉落工具，小腿被打裂两条深缝，血流满地。

无风又多云，电力永远不足。30日，终于起风。半夜听见窸窣怪声，原来是条斑鳍飞鱼，降落在驾驶区挣扎着，我和悦彤用扫把、畚箕把它放回海里。

10月4日，天气又转坏，风浪皆大。悦彤帮我去拿牛奶时，从楼梯跌到了 Pita送我们的黑珍珠树上，压坏好几朵贝壳花，双腿多处剐伤。晚上，她在日记本里画上了大颗眼泪，还在双腿撇上多条红线。

10日凌晨到达维拉港（Port Vila）入口，浩哲交代我半夜时收帆，等待天亮再进入。夜黑风高浪大，风力持续超过30节。

天亮了，浩哲启动了两架有问题的引擎，并升帆前进。前方狂风巨浪，缆绳却在绞盘上卡死了，几片塑料碎片掉落。船在巨浪上行走如飞，一眨眼便噼噼啪啪震翻了一堆物品。强风拉扯着缆绳绞盘，手忙脚乱的我们降了帆来解开缆绳，不幸的是，浩哲拆开了绞盘后，却组装不回去了。风来自侧前方，光靠引擎是不够的，唯有升帆才能进港，但是绞盘装不回去要如何升帆？

4Y9M（4岁9个月）

妈妈，白蚁药上面是不是写着“好吃的食物”，所以白蚁才会去吃，对不对？

咒骂声中，浩哲找到了替代品，但一把缆绳放入，锯齿却吱嘎作响。恐惧感席卷而来，掌舵中的我幻想着缆绳松脱，前帆碎裂成一片片的景象。颤抖，害怕，冷，脚抽筋。

我建议缩帆，虽然明知这是错误的方式。当主帆比前帆受风面大时，只要方向略为偏移，舵盘就转不回来。但令人松了口气的是，至少现在速度减缓了，缩小的前帆也减轻了缆绳的拉扯。最重要的是，我再也无法忍受毁灭的想象，疲倦寒冷已磨损了太多意志力。

10月10日10点10分，我们在检疫局的指引下，停泊于瓦努阿图的维拉港，结束了长达二十五天的航程。每次都航行得最慢，现在我们可闯出了名气，有人开着玩笑：“我们正等着你们来庆祝圣诞节呢。”

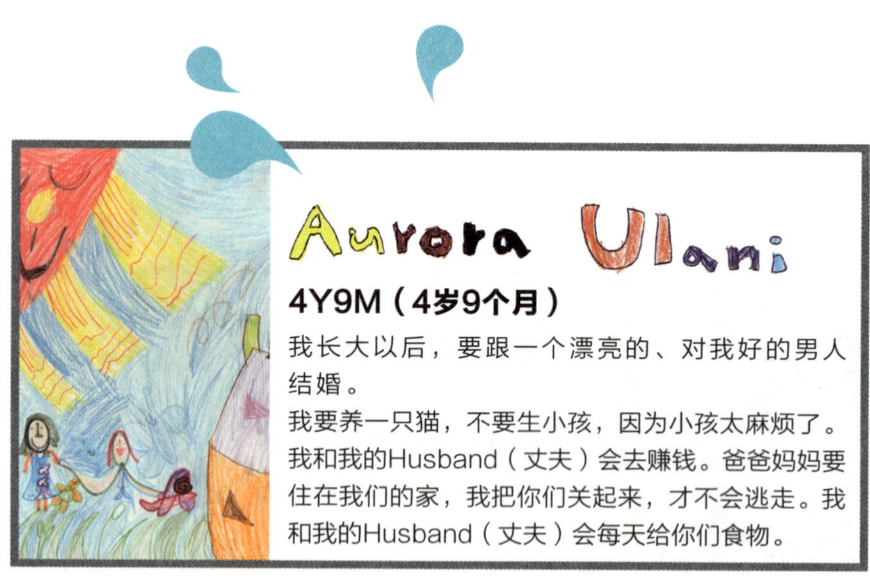

瞎子摸象 | 气候尚且如此，更何况文化

维拉港（Port Vila）→瓦努阿图（Vanuatu）
2008年10月10日—11月13日

才入维拉港悦彤就大叫：“哇！Vanuatu的山好高哦！”其实这里的山也没多高，只是一年来都在环礁岛，悦彤误以为岛都是平平的了。事实上，此处特殊的自然景观是百年大榕树盘根错节，土石流冲刷处，长满节瘤的根清晰地从山顶延伸到了半山腰。

天气多云多雨。刚到的前几天很冷，晚上悦彤偷爬上我的床抢被子，害我感冒了，所以我把睡袋拿到床上备用。

13日起，下起大雨，穿上雨衣依旧淋成了落汤鸡，赶忙去买了三把伞。延迟至14日，才送洗再也拖延不得的脏衣物，但天气如此糟糕，只得付钱烘干。

入港时的强风渐弱，后来竟完全停了下来，我们感叹着自己的运气，跟去塔拉瓦时一样，每次进港总遇上狂风暴雨。风停后闷热不堪，蚊虫也飞了过来，这里是疟疾疫区，叫人担心不已。

倾盆大雨连着下了四日，把船上的盐分洗得一干二净。浩哲在16日搭建了接雨水篷，一日下来我们接了260升的雨水，水箱全满。

几周下来，我们才习惯维拉港的天气形态。风大时，凉爽而无雨；无风时，云层一凝聚，雨像一桶桶的水倾倒下来，闷得让衣服粘在身

❖ 维拉港内鱼群清晰可见

上，一头一脸全是油汗。平均两三天就下场大雨。马朱罗的雨是小巫见大巫啰，或许只有隔邻斐济的苏化市才比得上。

维拉港的旅游业发达，大量的澳大利亚游客时时涌入，有些坐飞机，有些坐豪华邮轮。在此他们潜水、浮潜、飞滑翔翼、买纪念品和租帆船出海。快艇、直升机和水上摩托车不时呼啸而过。最匪夷所思的是，游客总在港里长泳，开小艇时得小心突然浮现的头颅，清洗悦彤的夜壶时，也最好看看有没有人在浮潜。

和马朱罗相比，这里的入境费和港口费贵了许多，洗衣店价钱是马朱罗的三倍，餐厅费用也贵了不少。不过，有些东西却便宜了，由于土壤肥沃，当地的蔬果比环礁岛便宜，传统市场上可以买到新鲜的西红柿、圆白菜、生菜、葱、茄子、豌豆、芒果、西瓜……还有各式热带鲜艳的硕大花朵。

4Y10M（4岁10个月）

妈妈，地心引力把窗户拉下来了，你可以再帮我开大一点吗？

我们戏称马朱罗为“买猪肉”，此地最便宜的肉类却是牛肉，价比鸡肉还低，因为当地养牛。一条法国面包约60美分，价位十分平实。我们的食物总因地制宜。到了新西兰，大概又得改吃羊肉了。

从波利尼西亚到密克罗尼西亚（Micronesia）[①]，终于一路到了美拉尼西亚（Melanesia）的瓦努阿图。这里的人们黑肤卷发，差异一眼可辨。还记得在萨摩亚和斐济，当地人很喜欢圆白的悦彤，走到街上总有人递给她一些食物；而瓦努阿图人则很喜欢摸她的脸、她的头，在市场里，她走过一个摊位就被摸一次，一周下来，不满五岁的她抓狂地说：“妈妈，那些卷头发的人再摸我，我要打他们了！”

每到一处总看得见历史的脚印。瓦努阿图独立前，由英国、法国共同托管，因此官方语言是英语、法语和Bislama。Bislama是种洋泾浜英语，来源亦有段故事。19世纪时澳大利亚昆士兰由瓦努阿图引进黑奴

① 马克萨斯群岛、塔希提岛、萨摩亚群岛及斐济，均属波利尼西亚，马绍尔和基里巴斯则属密克罗尼西亚。

种甘蔗，要和说一百一十五种语言，每个语言还分有数种方言的岛民沟通，商人们渐渐造就了一种语言。Bislama一词由法语“bêche de mer”而来，意思是“海参”，因为早期商人们都在搜寻海参。

20世纪初，法国带进许多越南农工来开垦大农场，同时带来了法国面包、各式奶酪和炸春卷。现代的移民则来自中国，他们所经营的店铺进口大量平价商品，稍稍平衡了法国超市Au Bon Marché（阿宝公司）媲美塔希提岛的物价。

独立前，瓦努阿图是个相当特异的国家，英国人受英国政府管辖保护，法国人受法国政府管辖保护，而瓦努阿图人却不受管辖，亦不受保护。独立后，瓦努阿图以较难接受批评闻名。据说如果对入境手续有微词，签证会被拒绝，必须立即离境。或许这和他们的独立过程艰辛漫长有关。当时法国政府不愿瓦努阿图成立独立政府，双方冲突了许久。

4Y10M（4岁10个月）

悦彤吃春卷，我叫她吃单边，馅才不会掉落，她说：“这样就叉不到重心了呀！”

❖ 停泊在维拉港的超载渡轮*Safety First*（安全第一号）

每到一处，我们虽试图了解当地文化，却仍似以管窥豹。就像天气难以预测一般，如果我们只逗留了几天，大概会认为维拉港很冷呢。几周过去了，我们也只敢说是或许了解了这个季节。气候尚且如此，更何况是文化。

太平洋之旅已持续了快两年。对两个大人而言，直到现在马绍尔的经历还记忆犹新，令人思念不已，波利尼西亚的美好却已渐渐淡去。对不到五岁的悦彤来说，大概能留下的更少。不过，昨天她在编歌韵时，还不自觉地采用了基里巴斯的节拍——咚咚咚！咚咚咚咚！

❖ 和兰卡威华人朋友们出游。终于可以说中文了！

南下新西兰 | 纵跨热带到温带的航程，注定和之前全然不同

维拉港（Port Vila）→新西兰的奥普阿（Opua）
2008年11月13日—11月23日

瓦努阿图首都维拉港的蔬果市场二十四小时开放，从周一早晨开到周六中午。这里是我和悦彤最常流连的地方。市场内的大人们给蔬果分着类，谈笑间，灵巧的手指用各式草木编织着各式容器，他们的旁边有盛着树薯的竹篮、穿着生菜的长竹签、包着熟食的芭蕉叶。流着鼻涕的孩子们在摊位内玩耍，奶着婴孩的妇人们一点儿也不避讳生人，神色自若应答着价钱。

市场内有水龙头，有公厕，有卖熟食的摊位。夜晚人们围着毛毯，在草席上席地而睡。就这样过一周，回家再运新的蔬果来卖。如此生活农人们也甘之若饴。或许我是看人挑水不吃力，也或许，没有选择就是种选择。

正计划南下新西兰躲避飓风季的我们，打从开始便明白：**跨往温带的航程注定和之前全然不同。**

几乎每艘航行过新西兰海域的帆船都对天气摇头叹息。1994年，毫无预警的风暴，吹沉了十几艘帆船，三人丧生。今年，在维拉港大家还挥手道别的*Hot Ice*（热冰号），几天后便撞沉在哈金森（Hutchinson）礁岩附近。无怪乎打算南航的水手们都战战兢兢地研究着天气，一句“听说……”便能叫一群人鸡飞狗跳起来。于是，分别来自澳大利亚和德国的两位气象专家，在众人眼中成了黑暗中的两盏明灯，追随者俨然

❖ 维拉港的传统市场

形成两个阵营。

德国帆船*Anna Maria*（安娜·玛利亚号）船主Winfried（温弗瑞德）退休前在空军服役，当时就对气象很感兴趣。他和他太太Ute（优特）非常热心，每天花数小时帮多艘船预报十日天气，完全不求回报。除去劳力时间不谈，取得第一手气象数据的花费，也是相当可观。但对Winfried及Ute来说，能帮助别人又能广结善缘，他们已别无所求。

和其他帆船迥异的是，我们除了出入港外，绝少使用引擎。在维拉港去买柴油时，算了算两个月我们总共用了39升，这还包含龟爬的马绍尔到瓦努阿图的二十五天航程在内。但若要使用引擎推进，一天用上50升也是常事。例如友船*Atlantis*（亚特兰蒂斯号）在马朱罗加油时，就加了900升。坚持使用风力，是我们破最慢航速的一大武器。悦彤甚至还给其他船取了个绰号：Engine Lovers（引擎爱好者）。

然而，这趟航程若速度过慢，可能会错失“天气窗口”（Weather Window）。新西兰附近的海域，风向、风力原本就难以捉摸，错失了好天

4Y9M（4岁9个月）

谁能从龙的街市救出丽姬公主，朕即召他为驸马。
悦彤问：“什么是驸马？”
“就是公主的丈夫呀！”
“那如果是一个女的救出公主怎么办？”

气，遇上暴风雨，或伸手不见五指的浓雾，绝对不会是让人期待的事。

根据天气，临时决定11月13日启程，为赶时间，12日我们持续工作十四小时，而11日我还整理到半夜1点。出海后天气极好，微风徐徐，吹尽了维拉港的闷热。连续四天风平浪静，Winfried敦促着我们使用引擎往东方行进，因为东南信风强盛，西行容易东行难。

17日凌晨，天边闪电不断，最近的雷声距离我们仅六秒。早晨Winfried要我们开引擎尽快逃开，忍受了八小时引擎的噪声和废气，晚上终于云开见月。好似电游秘籍，*Anna Maria*一步步指引我们避开“地雷”。18日半夜，乌云笼罩，不敢掉以轻心，我唤醒浩哲起来降半帆，整夜都是坏天气。风雨逐渐增强，早晨Winfried说是冷锋（Through）来袭。天气转冷，风浪渐强。

一起风，*Dharma Bum III*便有如行云流水，到了21日，行速已到达9.5节。浪头从左前方不断翻进。气温渐行渐低，厚重的冬衣上身，舱门紧闭。22日清晨5点，我惊讶地发现高纬度日出有着全然不同的美丽。

新西兰气象局已发布了大风警报（Gale Warning），风速持续超过30

节，行速有时超过11节，像云霄飞车。缩帆时用尽了全力，绞盘上绷紧的绳索，有如我们绷紧的神经，丁点儿错失或许就会失去手指或前帆。雨衣流淌着海水，湿冷的睡袋，歪斜的船，滴滴答答漏着水的舷窗。

Winfried建议我们改由奥普阿（Opua）入境，暂避暴风雨。我们降下了主帆，希望减速，但发现无法朝目的地前进，于是又顶着强风升上半帆。

23日，风速35节到40节，阵阵强风吹得我站都站不稳，必须屈膝攀扶前进。自动掌舵仪器抵不住强风巨浪失了效，机器常转不动舵盘，所以我和浩哲只得轮流掌舵。海水模糊了眼镜，擦不干净，下大雨时我就用雨水洗一洗。此时我们已决定进港躲避，只担心晚间视线不明不知如何入港而已，Winfried要我们不用怕，他们会提供详尽的指示。

时至傍晚，大风警报已转为风暴警报（Storm Warning）[①]。晚间9点19分，Winfried和Ute在岸边等候，我把缆绳抛出，浩哲平稳地把船停靠在检疫码头上。

4Y9M（4岁9个月）

浩哲和悦彤大合唱：“Ost（东方）好，Schnell（快速）好，Comfortable（舒服）不重要。”

“Alles gute für die Ute!”（优特，一路顺风！）

悦彤跳舞跳出了兴致，又跳又笑地说：“慢船慢船走不了，飞到天也走不了。”

① 平均风速超过33节，发布大风警报，浪高约4米。平均风速超过47节，则发布风暴警报，浪高约7米。根据亲身体验，风力35节为我站立不稳的指标。

Name Little Devil

这时候悦彤的德文还不是特别好，但是等她去德国过五岁生日之后，就正式会说三种语言了。

卡尔弗特幼儿园的课程中有很多歌谣、韵文。起初她英文说得不多的时候，要她绞尽脑汁想押韵词很痛苦，我一个词一个词告诉她又觉得失去教学的原意，于是改由她自由发挥，举例来说：ig，她乱说sig也无妨，有时误打误撞到jig这种有意思的词，我就解释给她听。

发表意见最困难。逐句叫她重复我所翻译的，禁止半英半中的句子。除了练习认写字母外，没有其他作业。自然课用浅显的语言教授生物、天文、地理，教师手册提供问题与答案，只要照着念就可以了。但由于我们不是在海上，就是在植被完全不同的热带岛屿，采集辨认植物几乎不可行，只好用图片代替。不过，海上她所观察到的生物及星辰，按着航线在地球仪上指认学习的地理知识，不费功夫就深植心底。

对幼教全无经验的我们，凭着对女儿天生的爱护教育着她。有些课程我深觉诧异，那么幼小的孩子需要知道那么多的科普常识吗？真的要在幼儿园就写周记吗？但日后一一发现，卡尔弗特真的很专业。

科普常识是为未来奠基，若要不死记，唯一的方式是由浅入深，一年年介绍给孩子听。至于周记，只是鼓励孩子勇于表达，一个单词，甚或一个字母，加上图画，就可以记录她心里的想法。

课程越上越有趣，只要一天没空上，她便会吵着要求补课。因此，中班课程我们以原来两倍的速度进行，后来不到六岁就上一年级。

上课的三小时全程英文，她说起中文我就耐心地叫她重说。下课后我尽量跟她说中文，此外，浩哲和我还是每天为她念故事，滴水穿石。

❖ 小恶魔猫咪（悦彤画作）

5Y（5岁）

2008年底我们把船停放在新西兰三个月，飞到德国庆祝我公婆五十周年结婚纪念日。悦彤过了五岁生日后，经过一番挣扎和爷爷、奶奶、叔叔、婶婶、堂哥、堂姐的强迫练习，她愿意开口说德语了。

悦彤爷爷把遥控器藏在手心：“看！Opa（爷爷）变魔术！”接着圣诞树的灯就亮了。

悦彤转头问我：“里面有Sensor（传感器），是不是？”

“妈妈，我过生日以后要等很久才再过生日对不对？”

“当然啊，一年一次。”

“那为什么我们不可以换成别的日？像八天一次那种？”

餐桌上，奶奶放了紫甘蓝。“那是什么？好漂亮！我要吃它！”吃了一口后，“嗯，我觉得，这个最好放在圣诞树当吊饰品，它很漂亮，可是不好吃！”

上课谈到圣诞节，人们常用蜡烛来做装饰。“我喜欢LED的那种。有火的那种，看起来动来动去的，很危险，可能会烧到人呢。”

❖ 五彩缤纷的热带鱼（悦彤画作）

新西兰的旺格雷（Whangarei）→澳大利亚的达尔文（Darwin）
2009年7月13日—8月20日

由于天气关系，离开新西兰的帆船都得抓准低压刚走、高压渐近的时机迅速离境。当然，风虽已平息，浪却没那么快平缓。因此，开航的头几天，低压遗留下来的巨浪和高压带来的凛冽寒风，是两个无可避免的挑战。

将近八个月的陆地生活，连一点涟漪都不曾有，要重新适应汹涌的波

❖ 从奥普阿到旺格雷

❖ 圣诞花车

❖ 圣诞老公公

涛并不容易。加上我们7月13日离境前的低压是个三日暴风，强劲到北岛沿岸多户停电，海水倒灌，更加深了我们的畏惧。然后，出境官盖章时所说的话更让人胃肠翻搅："听说昨天外海浪高8米呢！祝你们好运！"

三人都吃了抗晕药，成效依然不明显。悦彤立刻就倒在了床上。14日，在我也快把心肺都吐出来时，浩哲决定降帆休息一下。风浪从左前方翻进，漏水的舷窗水流如注，震动太剧烈无法放锅盆接水，也只好由它去。三盒牛奶被震落破裂，于是舱内牛奶、海水混成一片。风力发电机的支柱被强风巨浪吹震松脱了，前后摇摆着。我硬逼自己吞些白开水、干面包好尽快恢复体力。

悦彤在床上足足躺了五天，除了上厕所外没下来过。一家人晕到蓬头垢面，幸亏天气很冷。

翻腾的巨浪让干爽衣物成了妄想，经常在驾驶区工作的浩哲很快就浸湿了他所有的冬衣。就算在舱内，

❖ 又湿又冷，测得风速60节

5Y8M（5岁8个月）

“妈妈，我送你一个礼物，你一定会喜欢。”

说完她拿给我一张广告回函，在Name（名字）一栏下，她用彩色笔写好了——Ulani（悦彤），Papa（爸爸）。

依然感到潮湿寒冷，每天我们喝着热汤来保暖，机械地做着必要的工作。17日傍晚，测得风力60节，已达风暴级，于是在晚间10点降帆等待。

半夜时我发现遮阳篷迎着呼啸的狂风上下拍打，老旧的拉链被风吹坏了，等到白天两人合力把它收了进来。风势仍十分强劲。

经过三十六个小时的漂流，19日上午10点再度扬帆，天气不稳定，无心也无力整理蜗居。

20日天气较佳，我缝好了遮阳篷，和浩哲一起铺挂上去。浩哲用绳子绑稳风力发电机。经过两人全力修整，舱内舱外终于比“猪圈”稍整洁些。**看天吃饭的我们，**心情也跟着天空拨云见日。不过德国无线电气象网却警告着：若不尽快“逃离”高压中心，将面临三天无风可航的“窘境”。殊不知我们倒巴望着无风好趁机休息。

21日起，风渐弱，到了23日几乎无风。晴朗的夜空星光闪耀，随着船行北移，猎户座和大犬座不复出现在地平线，逐渐移到了星空的中央。拿手电筒探照入海，浮游生物反射出无数蓝绿色的点点亮光。穹苍呼应着海面，寂静的天地中，我们一家和鱼群其乐融融。

然后，乐得轻松的我们不免掉以轻心，远洋深浪震啊震的……帆索卡在主帆上没发现，结果被磨断了。

25日清晨5点，我当值时撞上冷锋，大风突起，风力仪数字迅速蹿升，我唤醒浩哲起来帮忙降帆，连雨衣都顾不得穿便去转绞盘。狂风给雨点注入了威力，击在脸上仿若针刺。随着船身的倾斜角度我心跳不已，降主帆的浩哲直喊着“快快快”，我转到连气都喘不过来！

狂风半小时即止，天亮时检查损坏发现，挂三角帆用的、直径1厘米的不锈钢锁扣裂了道缝，足见昨日瞬间强风的力道。在甲板上捡到了条大墨鱼，大概是被浪席卷上来的，中午用麻油洋葱炒了来下面。

27日起，久违的信风渐起，风浪终于改由后方而来。信风这个名词真的是要亲身体验才会感激——风向总是东南或东北，风力稳定，朝西走就一帆风顺。过去两年我们总朝南朝北，从未有过一次舒服的航行。可惜的是，云层逐渐聚集，我们再度驶入了赤道辐合带。

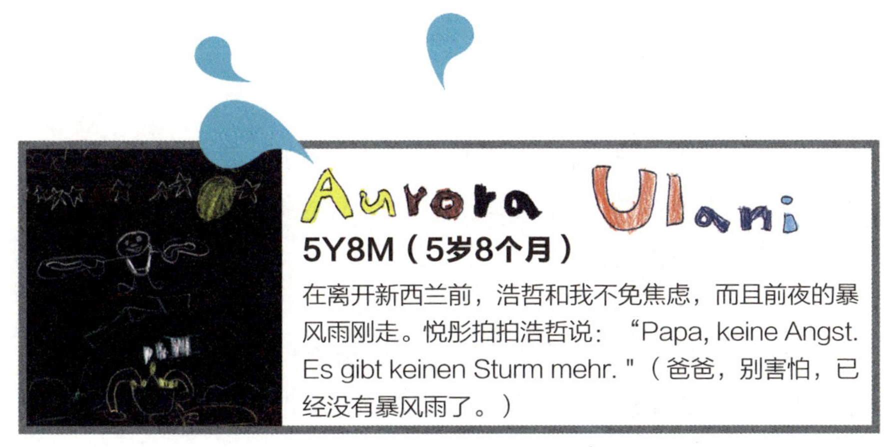

5Y8M（5岁8个月）

在离开新西兰前，浩哲和我不免焦虑，而且前夜的暴风雨刚走。悦彤拍拍浩哲说：“Papa, keine Angst. Es gibt keinen Sturm mehr.”（爸爸，别害怕，已经没有暴风雨了。）

❖ 上一年级啰！

日日阴雨，舱内闷湿，洗好的衣物晾不干又发臭了……我发现情绪是如此容易受外在环境所影响，每逢浪太大，太闷热，买不到想吃的食物的时候，我就很暴躁易怒。

8月1日，禁不住睡得满头大汗的悦彤苦苦哀求，我打开了侧舷窗。半夜时，一个大浪打进，悦彤和我被一大片海水泼醒，床垫、睡袋、枕头都湿透了，心情跌到谷底。

2日是悦彤（五岁七个月）上小学一年级的开学日，我依照德国传统帮她准备了一花束糖果，笑得极甜的她不知是否明白，今后有许多功

❖ 疲倦的鲣鸟

❖ 旺格雷的虹和霓

课等着她？中午时飞来一只鲣鸟，悦彤说是为她庆祝的。但很快，驾驶区就充满了粪便，我和浩哲决定赶走它，可是它屡次飞回来——可能它太疲倦了，于是便权充它的保姆一日。

5日下午雷电交加，风向不停变换，豆大的雨点敲打着船舱，海面像炸锅似的沸腾起来。鱼群似乎畏惧得很，不时跳出水面。曾在1995年被闪电打中的我们，算着雷电的差距秒数越来越小，决定降帆并关闭电源主开关。我趁着大雨洗了衣服、桌布。

7日，一部电脑坏了，丢失了许多数据。

9日早上，在甲板上找到九条小飞鱼。十五天来，太阳首次露面，虽然只是偶尔从云层后透点光，至少湿度计的指数稍稍下降了，我暗暗盼望床垫会慢慢干燥，臭味会逐渐消失。

11日晚间，船行至分隔新几内亚和澳大利亚的托雷斯海峡（Torres Strait），这里素以险恶暗礁闻名。幸运的是，天气已转晴，风稳定地从后方吹来，而且我们**尚存**一部电脑，于是这段航程既轻松又舒适，连浪都被陆地阻隔，船行极其平稳。12日半夜过了星期三四五岛（Wednesday，Thursday & Friday Islands，或许库克船长[①]是用这三天探勘这些岛屿的吧！），开始了在阿拉弗拉海（Arafura Sea）完美的航程。若是我有足够的清水洗衣服、床垫，而且没有之前狂涛巨浪所造成的损坏与脏乱，就真的别无所求了。

14日是我们结婚十七周年纪念，小小庆祝了一番。

20日，平稳地到达达尔文。

5Y8M（5岁8个月）

浩哲边说边转着地球仪：“The earth is round, just like this globe.”（地球是圆的，就像这个地球仪一样。）

悦彤：“It can't be, Papa. Just look around. It's flat. Everywhere is flat!”（爸爸，不可能的。你看看周围都是平的，到处都平平的！）

① 库克船长本名詹姆斯·库克（Captain James Cook，1728年11月7日—1779年2月14日），英国著名航海家和探险家。他曾三度奉命出海前往太平洋，带领船员成为首批登陆澳大利亚东岸和夏威夷群岛的欧洲人，也创下首次有欧洲船只环绕新西兰航行的纪录。

达尔文 | 高温热得让人丧失一切动力

澳大利亚北角→达尔文（Darwin）
2009年8月20日—10月11日

达尔文是澳大利亚第四大城。海里有食人巨鳄、剧毒海蜇，红树林的副产品是黑蚊蚋，刚到的前几天我们吃了不少苦头，被叮得处处红肿，奇痒无比。

天气分雨季和旱季，风向分陆风与海风，温度则恒常炎热。无风时，室温33—36摄氏度，最高温达40摄氏度，热得人丧失一切动力，做什么事都提不起劲。我发觉在闷热不堪，奇痒难耐的情况下，事情总变得加倍困难。悦彤做功课时满身汗，事实上，她连头发都湿黏成粗面条状，上课也火气冲天。

9月22日，我们带悦彤去野生动物园（Northern Territory Wildlife Park）看澳大利亚特有动物，可惜这里太热，没能看到无尾熊。白蚁窝倒让人大开眼界，3米高的比比皆是，最高可达6米。白蚁们在建造时已考虑通风问题，所以窝内是有天然空调的。（比闷热的帆船舒适吧？）对这天然“资源”，澳大利亚人把它磨碎，铺设高尔夫球场。

这里的动植物都必须适应特殊的雨旱季和森林大火。为防旱季晚期大火一发不可收拾，政府部门多在雨季结束时，纵火烧林控制生态。我们离开前雨季正要开始，天空上偶发的闪电秀让人既敬畏且惊艳，雷雨云中发出彩光红黄紫，比烟火还更壮观，也更持久。

❖ 可爱的小袋鼠（Wallaby）（达尔文）

❖ 黑颈鹳（Black -necked Stork）（达尔文）

❖ “中型”白蚁窝（达尔文）

❖ 新西兰帆船*Momentum*（动能号）的Olivia（奥利维亚）和Thomas（托马斯）。浩哲和我跟他们爸妈聊天到半夜，他俩则被分派到*Dharma Bum III*照顾悦彤

天上人间 | 无比“奢华”的假期

澳大利亚的达尔文（Darwin）→印度尼西亚的巴厘岛（Bali）2009年10月11日—11月2 日

达尔文到巴厘岛的航程风平浪静，嗯，精确来说，是根本没有风。

我们一路随波逐流，还好一直顺流着，所以就算无风，还是以时速1—2节向目的地行进。

话虽如此，比起一路用引擎的帆船，我们仍走得像只海蜗牛。不过我们三人兴致高昂，热晕热爆至少没有蚊蚋侵扰，无风至少不会晕船。

船行至阿什摩尔堡礁（Ashmore Reef）时，已经十天了，浩哲跟我争执着是否还要进这个自然保护区去看看。从航海图来看，并没有任何的安全通道，但达尔文的Michael（米歇尔）建议我们不可错过，因此我们决议，早晨时呼叫澳大利亚海关再做决定。

虽说很多帆船很恼恨澳大利亚政府的各项限制，但可能是因为我们没去昆士兰，我们对官员的感觉相当不同。由达尔文入境时，上船来检查的官员执法严格，但是都很友善，而且没有什么繁琐的手续。呼叫驻守于阿什摩尔堡礁的海关船（Ashmore Guardian）后，更加深了我们的好感。

中午高潮时，海关船派了艘快艇引导我们进入堡礁内部。错误的航海图上，几次看见绿线从礁岩上横行而过，所以若是没有前导船，是不可能安心驶入的。而澳大利亚对国家公园的保护不遗余力，所以堡礁内

❖ 阿什摩尔堡礁（2009年10月20日—26日）

只能停驻于浮球，不许抛锚，官员们甚至帮助我们挂稳浮球后才离去。

正想休息，就听见浪花声，只见远远一条大魟鱼载浮载沉悠游于海面。除却海浪声，一片静寂，远远传来海关船发电机的嗡嗡声，放松心情后，浩哲说：“嗯，你坚持要进来是对的。这里真好！”

第二天早晨天刚亮，就听见小艇的马达声，眼见一群人上了岛，我们也迫不及待地跟了上去。跟船长聊了一会儿，原来他们是钻油公司派来探查污染的。早在达尔文时，漏油事件就沸沸扬扬的，我们还看见了漫天大火。船长说他日薪700澳元，而船从达尔文开到堡礁就燃了1万升的柴油！想想别人的巨额花费，我们能来到这里真是幸运极了。

印度洋的潮差惊人，堡礁内部的小岛高低潮时面积相差极大。浅滩延伸遥远，潮来潮往让沙滩成了波浪形。沙上有无数的寄居蟹。我们还找到了只埋在沙中的海星，若非星状的触角泄了它的底，我差点就一脚踩上去了。

这里和达尔文一样，高温可达40摄氏度，我们常常直接跳进清澈的海水降温。船四周是湛蓝色，暗礁附近颜色转深，而浅滩上则是一片土耳其蓝。看准深蓝处游过去，就抵达多彩热带鱼瑰丽的家。浩哲浮潜时一只大海龟迎面游来，他一兴奋不由得叫了声“Cool”（酷），把它给吓跑了。珊瑚礁旁也有些约1米宽，波提切利画作《维纳斯的诞生》中的那种大扇贝，可惜的是，在海底它们看来一点也不美丽，波浪形的壳上长满青苔，灰蒙蒙的倒是很能隐藏自己。

❖ 海星

❖ 潮来潮往，沙滩也成了波浪形

海关官员们有空时也会过来浮潜，但是他们除却游乐之外还另有任务——清除岛上垃圾。小岛上最高点是两棵椰子树，印度尼西亚渔夫们有时会来祭拜树下的墓园。这里其实是海龟、海胆、海鸟们的家，我幽幽想象着埋骨于此的水手们，或许是病了，受伤了，或是清水不足脱水而死，同伴们举行简单的仪式，用椰壳石块围了墓地，最终再放上珍贵的鹦鹉螺为死者祈福。然后，生者走向沙滩，一群群海鸟惊起振翅，船行渐远后，鸟儿们又回原处静静啄食着浅滩里的蛤贝。

和官员们熟稔后得知，常驻此地是为了防止偷渡。一日我们远远看到黑烟，原来澳大利亚官方烧了一艘偷渡船，至于难民，则被遣送到圣诞岛。烧船是为了让船主无法再载偷渡客，不过我怀疑船主早把这算进业务损失了。

一日傍晚我们趁着高潮前往小岛，想碰碰运气看能否见到海龟产卵。把小艇定了锚，赤脚走入凉爽的浅水，我们只有短短两个小时的时

❖ 鹦鹉螺（Nautilus）

限。潮水涨落大，若是时间抓不准，小艇可能卡在无水的沙滩，或者我们必须游泳数百米，更糟的是，潮水也可能把小艇冲走。

扯着悦彤急步前行，明月在沙滩上投射着柔和的银光，不到六岁的悦彤每每驻足注目于纯白的夜行蟹，月光下它们像一抹抹银光四面八方疾驰而过。夜间还出没着许多巨大的红色寄居蟹，大到壳都盖不住身，手电筒探照过去，它们居然定格，傻愣愣的，似乎不知如何是好。每听见树丛发出声响，我们就看看是否有“婴儿龟”出现，但结果总是鸟儿们在示警我们的闯入。担心时间不够，最终我们放弃了搜寻。悦彤走得疲累万分，抱怨不已。但是海水已渐渐涨起，我们越来越害怕。浩哲先快跑去小艇，还好水深只过膝，于是他抓稳了让我把悦彤丢上去。待我们回船后，全身酸软，感觉好像打了场仗。

经过五日浮潜，海滩漫步，与魟鱼、海龟、热带鱼相伴的日子，我们决定：**海关官员们送来的巧克力，还是当不了饭吃的。**

无人的小岛，平静的海洋，尽量不惊扰生态地观察动物，五天中除了偶尔来访的几个人外，我们像大富翁般坐拥整座堡礁。相较于在大卖场推着购物车，边叫悦彤别乱碰东西，边抢购食物的日子，我觉得这段假期真奢华呢！

***后记：**

环游世界后，2013年我们终于在特立尼达如愿以偿地看到了正在产卵的海龟，也触摸了婴儿龟，不过那是棱皮龟（Leatherback Turtle），和这里的红海龟（Loggerhead）、玳瑁（Hawksbill Turtle）或绿海龟（Green Turtle）又不相同了。

❖ 刚破壳而出的棱皮龟宝宝（特立尼达）

❖ 产卵中的棱皮龟妈妈。在这短短数分钟它会失去知觉，因此可以碰触。若是时间没抓准，受惊的它会放弃产卵，逃回大海

千里達革ㄍㄨㄟ之旅

我們跟Jesse James的旅行社訂了革ㄍㄨㄟ觀賞之旅，所以昨天下午Max，Sandy，Tuk，Henry，爸爸，媽媽和我一起去看革ㄍㄨㄟ。

第一個看見的，是一隻正在掩蓋她的蛋的革ㄍㄨㄟ；所以我們沒待多久，就去看第二個，但是很不巧，她也正在掩蓋，不過，因為還沒找到第三個，因此我們就多看多等。

後來導遊接到了通電話，第三ㄍㄨㄟ正要生蛋呢！我們ㄓㄠ快趕到，看見了有大，有小的白蛋。導遊告訴我們，如果沙坑的溫度是攝氏29.5度，就會ㄈㄨ出一半公ㄍㄨㄟ一半母ㄍㄨㄟ，若是溫度比較高，就會ㄈㄨ出比較多母ㄍㄨㄟ；若是比較低，則會有較多的公ㄍㄨㄟ。他們玩笑的說：「Hot chicks，cool guys！」

等到這隻母ㄍㄨㄟ走到海裡的時候，我們就回到遊客中心看剛ㄈㄨ出的小ㄍㄨㄟ。在走回去的路上，導遊指出了沙灘上有彈性的蛋殼，小ㄍㄨㄟ就是從這種破殼而出的，可惜我們沒看到。後來，Sandy發現一隻閃閃發光的螢火蟲，時亮時不亮，但是我等不及了，快步跑去看小ㄍㄨㄟ。我撿了Tuk的小ㄍㄨㄟ，把牠跟Jesse送我的小ㄘ綠ㄍㄨㄟ放在一起，讓媽媽照相。小ㄍㄨㄟ在我手中動來動去，一直想走到有亮光的地方，牠的腹部還帶有圓形的蛋黃呢！

我們回到家時，已經ㄌㄧㄥˊ晨一點了，我會永遠記得這一天。

七月八日，江悅彤

❖《特立尼达革guī（棱皮龟）之旅》，悦彤作

❖ 草扎船：渔民以此吸引鱼群居住，小鱼引来大鱼，等到时机成熟，便可一网而获

❖ 大海中漂流着许多垃圾

勇者无惧?！ | 航海生活中的恐惧无外乎三部分

巴厘岛（Bali）→巴淡岛（Batam）
2009年11月25日—12月25日

预计八到十天（别的船告知是三到四天哦）的航程，花了我们三十一天。目的地几乎触目可及却波折不断，无风——逆风——晴空远处出现水龙卷（Water Spout）——狂风暴雨——逆流。

由于印度尼西亚岛屿间的间隙小，海水突然被阻住去向，洋流流速可以被挤压到8节。在巴厘岛外我们曾开引擎八小时而不得进入，有时还被海流冲得倒退。在各小岛间拔河时，深觉大自然的课程真是深奥且永无止境。

有时，一天“之”字行进下来，仅仅10海里，几个小时努力调整航向，结果还朝目的地更远，幸好风浪极小，船行虽慢，但极其平稳。

原本计划去黑猩猩保育区，但如此速度让我们沮丧万分，连签证都不确定是否会逾期。

伙食越来越差，罐头食品怎么变花样也无法提振食欲，常常梦见渴望的食物。夜间值班警戒从未如此紧张过，我几乎忘了亚洲是如此拥挤，日日夜夜万舟渔火。

船行至婆罗洲，半夜浩哲叫我起床时，四周满满都是灯，风从船头来，15到18节，正是完美航行时机。之前无风毫无进展，起风了我却又有点担心如何独力变换航向，避免撞击。仿佛走入了电玩之境，我的任务是左右“之”字避开所有渔船和渔网，每半小时至一小时就得把前帆绞到另一边。

❖ 遇见五彩缤纷的渔船

行近渔船时亮如白昼，他们靠着灯光吸引鱼群，和日出而作日落而息的轻舟恰巧相反。坐在舵盘前的我不禁任由回忆奔驰到巴厘岛附近。日出时一群小船蜂拥而出，船帆绚丽多彩，船身窄细轻巧，黄昏时又看他们消失在港口的薄暮之中。整夜看着夜间辛勤拉网的渔民，我想象着渔村里的悲苦与欢乐。

清晨5点时闪电越来越近，突然风力增强到25节，我刚决定开始收帆，狂风暴雨迅疾来到。边叫浩哲出来帮忙，边卷着前帆，绳索却从手中滑出，浩哲接手后才拉住。

苏门答腊飑线（Sumatra Squall Lines）是这里的特殊天气，陆地上积聚了全日的闷热，清晨时将天际乌云连成一线，爆发力惊心动魄！像倦极猛发脾气的孩子，风停后只剩倾盆大雨，正好把连日的衣物清洗干净。只是擦伤的手指碰上洗衣粉痛不可当。

行近巴淡岛（Batam），滂沱大雨阻住了去向，原本想在陆地过圣诞节的愿望也泡了汤。半夜我处理一桶桶接得的雨水时，突然看见一艘小轮船直向我们开来，眼看就要撞上。我惊慌地叫醒浩哲，他起身后咒骂一声，不管帆的受风面，当机立断转了90度，在船头前看到小轮船终于擦身而过，我全身战栗到非经期却出血了。

之前就有几次看见轮船越来越接近的经验，我猜测他们为何总不避开，现在终于确定轮船对我们真是视而不见的。浩哲学生时暑期打工当过低阶水手，他告诉我照明充足、比帆船高大的轮船，要看见远方微弱的帆船桅灯，概率极微。另外，轮船上人手严重不足，疲累的值勤者仅偶尔看看屏幕，根本不出船舱的。在新西兰时听过一则真实故事：一艘美国帆船被没开灯的轮船拦腰撞成两截，一家四口只有妈妈幸存。现在她定居于旺格雷，经历也出了书。

航海生活中的恐惧不外乎三部分：海盗、天气、海难，再加上对漫长航程的不耐、对美食的渴望，磨损着我们的意志力。繁忙的海上交通让我们越来越疲惫，悦彤的肋骨清晰可见。

圣诞夜我们抵达新加坡海峡，等待着天明进入巴淡岛泊船场。我拿出最后一个橙子，并用仅剩的两颗蛋，用圣诞老公公模具烤了小蛋糕，不过，其他的食材除了罐头还是罐头。

❖ 在新加坡樟宜航海社有许多说中英文的小朋友。左边是Melody（麦乐迪）

七步成诗

一直到小学二年级，*Dharma Bum Ⅲ*学园都维持一等绩效，悦彤大致能三语兼顾。除了有事待办或晕船太厉害的日子，我们不放假。

不仅如此，我们大都学得很开心，孵豆芽，画月亮盈亏，用韵诗学字母，制作科普玩具……每天包括中文和德文的读写练习，还是能午餐前就下课，下午则用来购买日用品及游历。

学作英文诗也出乎意料的简单，受传统教育的我总觉得要作好诗必定要很有文学素养，一个六七岁的孩子哪能作得出来？结果是找找韵词，算一下整句的音节，就既有韵又有律地完成了。再念一遍，想想合适的配图，设计一下字体的大小和颜色，最后誊写一遍就完稿。

悦彤爱极了这样的创作，英文逐渐转变为她最爱的语言。

❖ Elie提供

抵达美丽的兰卡威 | 航海生涯最珍贵的收获

马来西亚的兰卡威（Langkawi）
2010年2月12日—5月22日

从新加坡到兰卡威，我们终究放弃了多年来的原则，改用引擎行进。马六甲海峡细狭处的繁忙，连渔火点点的婆罗洲都相形失色。几乎无风，洋流强劲。若以随风漂流的方式，着实不知如何蛇行穿越密密麻麻的船只。

大量燃烧柴油，我们速度快了，调整方向也容易了。我赞叹着这种“航”行的轻松，当年库克船长可没有引擎的选项，他在合恩角（Cape Horn）前试了七个月，最后放弃了，掉头从反方向行进（还好他灵机一动想到地球是圆的）。不知道该对现代水手们失去敬意，还是该为我们一贯的顽固原则摇头叹息。

17日始，马六甲海峡宽敞了，有时候五分钟看不到一艘船，于是就让引擎休息。如此缓慢悠闲，我们于22日抵达美丽的兰卡威。

绿油油的屏障山冈，耸立的巨岩点缀着港湾。快艇载着游客呼啸而过，去无人迷你岛浮潜，去钟乳石洞探险。渔船摆动着长尾的螺旋桨——以空气冷却的引擎，是马泰渔船的特色，远远就听得见它们的巨大声响，看见船尾溅起的白色浪花。

瓜埠港（Kuah）的炽热烈不可当，40摄氏度的高温到了无风的夜

❖ 马来西亚朋友Abraham（亚伯拉罕）香蕉园旁的小屋

晚亦无从吹散。半夜时我常被热醒，电风扇整夜吹着依然满身汗。白天走半公里路去超市，热得狼狈不堪。不过一路上悦彤看着水沟里的蝌蚪倒是雀跃不已。超市里的生鲜食品让人失望，好几天后，我才找到当地华人的商店，买到满意的食品。

兰卡威的烟酒因免税而超级平价。我们当然喜欢便宜商品，但过了一阵，我渐渐看到了事情的另一面。牙齿残缺不全的西方人说想永远留在兰卡威，因为每月领来不算多的退休金，此地低廉的物价让他们自觉生活得像个富翁。是的，廉价的酒精足以让这类人永远活在半醉半醒之间，直到某日或许发生个意外。曾听闻一位德国人酒驾出了车祸，在医院付不出保证金，医师拒绝在第一时间动手术，最后截了肢。

❖ 在瓜埠港浩哲抓到了只幼圆鼻巨蜥（Water Monitor）

❖ 浮罗交怡飞禽公园（Langkawi Bird Paradise）的蓝黄金刚鹦鹉（Blue-and-yellow macaw）。

月亮的盈亏引领着清真寺的庆典，每日随风飘来的祷文是阿拉伯语。星期五为假日。和新加坡不同的是，马来西亚实行种族与宗教隔离制。马来人在政府有保障名额，购买土地时有优先承购权，于是华人们要成功就必须加倍努力。

几乎所有马来西亚人都很友善，我只发现他们比邻近的泰国、新加坡人疏懒于工作。但话说回来，马来西亚人颇重教育，连外岛渔民的英语都说得很好。更不必说我们华人朋友的孩子了——每日补习不断，中文、马来文、英文是必修的三种课程，数、理、音乐当然亦不可少。

我们在兰卡威也结交了不少朋友。马来西亚朋友Abraham，开设冷冻食品店的华人朋友们，都热情地开车载我们四处游历。新加坡人同文同种，待我们如自家亲友，专业拍摄的纪录片是永志不忘的回忆。辛勤的朋友们，把珍贵的唯一的周休周五下午匀出给我们，只为尽地主之谊。

这些世界各地的朋友，是我们航海生涯最珍贵的收获。

玩具 | 一个纸箱就能带来无限乐趣

受限于空间，船上的孩子没有太多玩具，视听娱乐设备也得看风力或太阳能不能赏脸。时间久了，我惊喜地发现，这是航海生活所带来的福气。

一个纸箱就能给悦彤无限乐趣。它可以是房子、邮筒、潜水艇，甚或是时空机。卫生纸筒是望远镜，卫生纸是绷带，吸管、空瓶和塑料袋粘成帆船，沙洲是孩子国，国土大小由潮汐而定，大人来拜访时，可以买树叶树枝美食，喝贝壳海水冷饮。

到商店选生日礼物时，悦彤往往迷失在七彩奇妙的塑料玩具丛林里，选择的礼物都很低龄，适合三到五岁。这些东西玩几天就腻了，事实上，搬离时她把这些都送人了，行李中多是她喜爱的书。

在普吉岛和兰卡威，我们和一艘瑞士租客船*Styrr*（斯特号）交往频繁。Martin（马丁）和Theres（泰勒斯）为了和悦彤同龄的女儿Ann（安）能有说德语的玩伴，往往不辞辛苦来拜访。

Theres说："你们不知道那些欧洲客人的小孩多可怕，到了沙滩一会儿就嫌无聊，吵着回船玩Game Boy[①] 或看DVD。Ann拿出玩具还居然被他们笑**幼稚**！"

啊！我宁可悦彤**幼稚**。

---

① 日本任天堂公司在1989年发售的第一代便携式游戏机。

❖ 我们在前往查戈斯的路上，很热……啊！你要不要看我和我朋友的家？

6Y9M（6岁9个月）悦彤口述，妈妈记录。

从前有位国王，他有十个王子。

王子们只有一个工作，就是去找漂亮东西。要找漂亮的戒指和项链，还要找个漂亮的女孩结婚。

大王子翻了国王的宝物，偷了些东西。国王很生气："我不会传给你王位，你以后就当个像太守一样的小官好了。"

二王子很幸运，找到了颗小珍珠。国王说："好，还不错。你以后可以当个像包拯一样的大官。"

三王子找到了彩纸、胶带，粘成了戒指。再用西红柿的叶子串成了项链。国王说："这对穷人还可以，对王子公主确实不行。你以后就当个骑马的士兵。"

四王子把面条煮软，粘成了戒指和项链。国王说："你以后也去当个骑马的士兵。"

五王子很害怕。他找到一条电线，刷上金色的油漆，他不知道国王偷看到了。国王说："好吧，你以后当个大官好了。"

六王子拿了彩色毛线，穿了彩球。国王说："你以后当个小官。"

七王子拿缝衣线去穿刷锅的不锈钢软刷。国王说："你也去当骑马的士兵。"

八王子偷了国王的紫珠子和咖啡色珠子。国王叫他去当小官。

九王子拿了水管、锅子和缆绳去做项链。国王说："还不错，但是太大了。我让你当大官。"

十王子找到了条细金丝，一个小银块，银块中间有像虫子大便一样大的洞，他穿成了戒指套在中指上。然后，他又找到像小指甲一样大的金块，穿成了项链。于是国王说："好，我把王位传给你！"

❖ 莫桑比克海峡浪高恒常在5米以上

❖ 亚洲普吉岛修船场附近的猴群栖所。偶尔有人扔啤酒，它们也会喝醉呢!

❖ 妈咪与宝贝

❖ 维修渔船处木造船排列紧密，加上使用工具超过电线负荷，平均每月发生一次火灾（2010年9月16日）

Dharma Bum Ⅲ
SHIP'S LOG-BOOK

航海日志6
海角天涯

2011年3月—8月

❖ 查戈斯（Chagos）

我看到一颗掉下来的星星 | 我很快乐，只是身心疲累

兰卡威（Langkawi）→查戈斯（Chagos）
2011年3月8日—4月10日

帆，终于又在3月8日扬了起来……

一年多，都滞留于新加坡、兰卡威和普吉岛。普吉岛修船场一上架就待了五个月，上架费用每月超过2万泰铢，租金昂贵。

大多数船主上架时并不住在船上，额外加付5000泰铢以上租个小房间，可是对依赖租金收入生活的我们，必须能省则省。为申请泰国签证，我们曾飞往新加坡一周，住在朋友在乌节（Orchard）的豪华公寓里。悦彤突然发现：**不必边如厕边打蚊子，浴室地板不再是湿滑肮脏的，还有凉爽舒适的空调。**待我们飞回修船场，她说：“妈妈，我真的比较喜欢Rob（罗勃）的家，我们为什么不能住在那里？”

原本打算在丽贝岛（Koh Lipe）休息一天，但第二天一早的东风，使我们改变主意，立即西行。悦彤万分不甘愿离开她的“男朋友”Dylan（迪伦），原本大家是计划在这美丽的国家公园岛群再共度一天的。

风浪从后方推送，没有比这更完美的了。虽然刚出发仍难免有些晕船，但我们充满了乘风破浪的快乐，以及再度扬帆的兴奋。

❖ 马纬度的静态漂流（2011年4月6日）

东风持续到11日，我们致力于习惯新的作息，与世隔绝，多日后才震惊于日本的大海啸。

我想每个人都有过这样的噩梦：你身处危险，却动弹不得，眼睁睁看着危险逼近。

船行在安达曼海的尼科巴群岛（Nicobar Islands）和苏门答腊岛间，这里叫大海峡（Great Strait），所有途经马六甲海峡的船只，来往印度洋都必须通过此地。圆形的海平面，船灯颜色是辨识航向的唯一指标。

12日半夜我轮值时乌云从远方席卷而来，降低了能见度，我开始

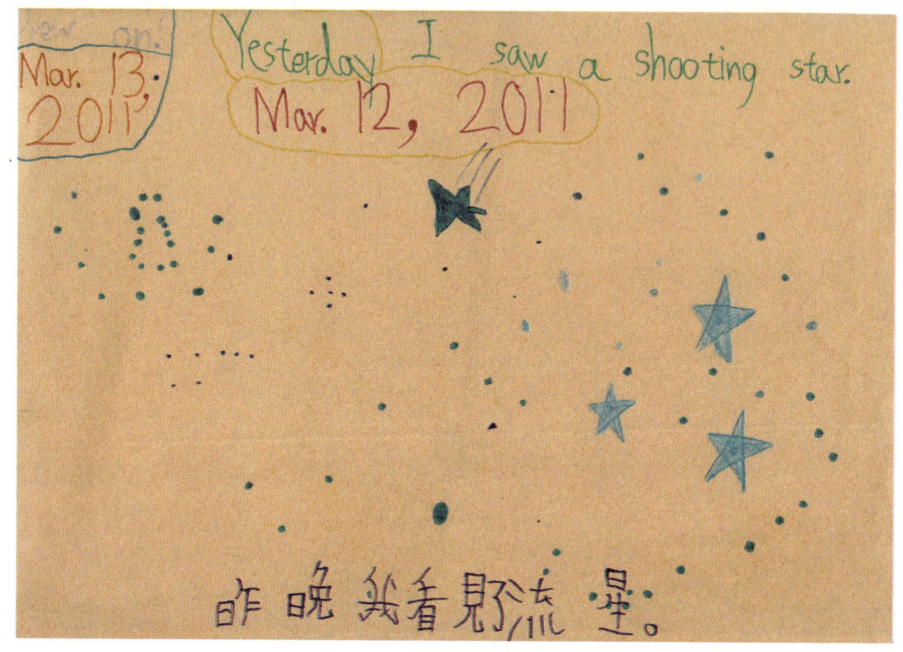

把前帆卷小，呼叫浩哲起来帮忙后，他立即启动引擎、降主帆。为确定及时让道，我转了舵盘，风力突增，风向移转，横梁和主帆倏地撞向另一方，浩哲应声被撞倒，致使膝盖流血。这时，船却不受舵盘的指挥，我眼睁睁地看着货轮越来越近……幸好我们在新西兰花了每小时700新西兰元的代价，请专业人士帮我们检视管线，扯出一大串潮湿生锈的粗线，改装上闪亮红铜色外包塑料皮的超贵电缆后，引擎一扭就发动，紧急中浩哲加大马力转了向。

与此同时，初生之犊的悦彤，却在一旁又叫又跳地宣告："Yeah！我看到一颗掉下来的星星！Yeah，yeah，yeah！"

然后风就逐渐停了。几天下来我教悦彤认着星座，左边的南十字星、天蝎座、半人马座，右边的北斗七星，前方的船底座，一路伴我们逐流西行。金星总在曙光中升起，经几天指正，悦彤终于相信它是颗行星。

离开兰卡威前，我们由书籍得知“马纬度”（Horse Latitude）这个称谓的由来：**古代帆船行驶此地，风一停就好多天，饮用水不足就只好把马推到海里，为长期漂流做好准备**。

在兰卡威的最后几天，我们把物资挤满到舱内行走困难，自觉像全身酸痛的骡子。风平浪静，有时开引擎前进，仿佛打扰了大海的安宁。经过几天星星、海豚相伴的日子，16日风再起却是来自前方，时有飑风。于是我们的储藏品也纷纷倾倒震落。风静时洋流带我们逆行，浪费柴油进展也不大；风起时震荡摇晃，三人都晕船，怕浪打进船舱，舷窗紧闭闷热（高温35摄氏度）无法入眠。但我已非新手，从以往的痛苦抱怨中我领悟到，其实大多数的航海日子都是如此，但少数的好日子却是精华，千金不换。

清澈的海水中海豚清晰可见，优雅迅捷地在船前戏耍，一只甚至跃离海面2米高，似乎想看清我们的模样。或许它们从远方就**讨论**着我们，直到按捺不住好奇，终于决定结伴而行前来查看。月光在海面映出一片银白，大海宁静到有时听得见海豚（或鲸鱼？）的换气声。繁星占满了天空，海平如镜时，点点星光倒映入海。多日观察，我又找到了土星、处女座、乌鸦座和南三角座。日出日落时，海面又洒上了柔和的金粉。观察入微的悦彤画海豚时涂点上了波光粼粼。

风浪来自后方或风力微弱时，我们在室外享受美景吃晚餐，白云飞

❖ 我今天当猫。别笑我，你有看过猫穿衣服的吗？

❖ 爸爸有计算机，我也有，不过我的屏幕有点站不稳……

❖ 海面有点点金光哦！真的，我亲眼看见的！（悦彤画作）

❖ 海豚常来看我们，而且溅起好多好多水花，阳光就是这样照下来的（悦彤画作）

❖ 夜晚跃进驾驶舱的飞鱼

❖ 借宿一晚的鲣鸟，还为了有限的床位而打架呢！

鸟和晚霞相伴。风浪转强时，葡萄酒杯也就只好换成塑料的了。若非物资总有限，漂流十天半个月又何妨！

但知易行难。预期一路微风，当24日下午风势增强时，完全措手不及。右舱前方积水2厘米，我仔细擦干了一包包的米和糖，悦彤却大叫："妈妈，我没办法上厕所啦，水太多了！"原来是左舱低陷，水从马桶倒流，积满了浴室！

当时手忙脚乱的，浪从右侧来，所以我没发现左前舱上方的小舷窗留了缝隙。24日晚到25日风势有增无减，我晕船严重，等悦彤再度大叫"妈妈，好多水！"时，我冲向左前舱，眼见海水瀑布般落在书上，心如刀绞。

其实悔恨无益。我有时想：有些地方水手要比航天员还仔细，疲惫又晕船的人脑，实在顾不全几百个小细节。待25日半夜，浩哲拿出多包浸水的面条时，我也就认命地整夜烤干它们，擦拭罐头，贴上标签，找新地方存放，同时定时舀出不断流进的海水。

灾难接踵而来，我们疲于奔命。清晨时乌云蔽月，恍惚中我竟看见巨人张嘴伸掌即将从天空吞噬我们的幻象。

灾难肇因于不停打进的海水。我们超载过重，无法乘浪，每每被浪重重摔下。当然，我愚蠢到让整张床加储藏物浸水，也就只好轮流晒干。舱内满目疮痍，行走、舀水都像特技。决心不再被打倒，我把船当成健身房，想象舀水特技是为了锻炼出健美的身材。而且在悦彤不晕船的时候，我依然帮她上课。夜半，我认出了牛郎织女星、狮子座，还有轩辕十四。我很快乐，只是身心都很疲累。

28日，悦彤晕吐。一艘缅甸小渔船来讨烟酒。29日，拼接餐桌随浪震跳，螺丝松脱，桌面被震落了三分之一。30日，50升热水水箱被震落。31日，一艘小渔船没讨到东西，亦步亦趋跟随我们好久①。愚人节，悦彤想好了骗爸爸的把戏，浪打来却一头撞上桌子，晕吐昏睡了整天。我们考虑改航马尔代夫阿杜岛（Adu）去看医生。

日子随飑风而起，无风而伏。我忧虑着食物补给，接下来的两个月都没商店，或许最后只剩白饭和泡面！4月8日，才刚在兰卡威修复的发电机又坏了，这不是第一个，事实上，在泰马修理的许多东西都接连损坏。浩哲忧虑着船况，连日无法入睡，腿上生了大痈，且暴躁易怒。

纵然我决心维持好心情，但超过一个月的疲惫，也正逐渐侵蚀着我的意志。所幸9日下午，我们抵达了目的地。担心环礁岛内的珊瑚礁，我们决定在早晨能见度佳时再驶入。

但10日一早，竟是个乌云密布的飑风日！浩哲顶着倾盆大雨，驶进莫尔兹比岛（Moresby Island）。还好定锚时太阳露出了脸，长达三十四天的航程，终于结束在杜库茵岛（Île du Coin）的十一艘帆船间。

---

① 海上遇上渔船，我们有两重忧虑。第一是海盗，纵然在海盗不猖獗的海域，谁也不敢保证渔民百分之百都是好人。第二是擦撞，渔人开船大多没那么小心，因为木船材料简单，容易修缮。

交朋友 | 悦彤的寂寞

四海为家的孩子们，都渴望着长期的玩伴，陆地上每天能见到同学的孩子们，绝对想象不到悦彤的寂寞。

歉疚着剥夺了悦彤上幼儿园玩耍的权利，每到一处，如同找寻食物饮水，找寻玩伴也是我俩的要务之一。抵达港口，孩子们没有太多时间选择朋友，碰到说相同语言的孩子，无论性别与年龄，总比成天当无趣大人的跟屁虫要好得多。有兄弟姐妹的或许没那么寂寞，但在狭小的船舱里过了两三周的旅程，看到弟弟一脸打算恶作剧的样子，心里大概只想着怎么揍他才不会被父母发现而已。

五岁前，悦彤的玩具需求大过语言需求，对玩伴不挑剔，离开了也容易忘怀。刚满六岁不久，离开新加坡前往兰卡威的旅程中，她问我："妈妈，你有没有发现，我们每次离开一个地方，我的朋友就永远不见了？"

我柔声安慰："有些是这样没错，可是有些你还是会再见到的，所以你要努力写E-mail啊！"此时她已经会写英文短文，而且有自己的电邮地址，通常她写在纸上，浩哲和我帮她打字发出。

"可是没有用，我再也没看见过他们。"她一脸萧索落寞，看来一点也不像六岁了。

离开新加坡时她背向我们，遥望着陆地，久久不语。这首歌则是在我们离开亚洲时，她顺手写下来的。时常，她坐在甲板上哼唱着。

悦彤的歌

Those were the days, my friend!

（我的朋友啊，那些美好的日子！）

I thought they'd never end. But they did.

（我曾以为它们永远不会结束，但还是结束了。）

I wish they'd come again. And I wish a similar day will come, too.

（我真希望它们能再回来，而且我也希望像从前那般的美好一天会再度来到。）

❖ Arne提供

巧合的是，抵达兰卡威后我们碰上了在澳大利亚达尔文认识的Olivia（奥利维亚）和Thomas（托马斯），于是她总算获得了些信心。

后来又碰上了2007年在斐济结识的Dylan（迪伦）。

回想起斐济西侧外马洛洛来来岛（ Malolo Lailai）上的步枪湾帆船俱乐部（Musket Cove Yacht Club），对于水手来说真是个特别的乐园。驾船而来的水手，立即获得永久会员卡，得以免费使用俱乐部的设施。

白天时水手们去游泳池降温或外海冲浪，晚间则群聚在岸边烤肉，俱乐部酒吧贩卖平价的饮料，时常有人带着乐器前来，于是大伙在星空

❖ Daniel（丹尼尔）、Lisa（莉莎）和悦彤在*Dharma Bum III*上（2007年）

下享受着自备的晚餐，不必相约，随性而充满惊喜。孩子们吃饱了就各自找同伴玩耍去。当时三岁半的悦彤，认识的玩伴包括来自中国香港的Molly（文莉）和Nancy（文思），来自德国的Emily（艾米丽）和Lennard（伦纳德），还有荷英混籍的Dylan。孩子们玩在一起，共同的语言是英语。

Dylan的家*Moét*（莫尔特号）就我和浩哲看来是艘危船，但他的父母十分活跃且有趣。荷兰籍爸爸Franz（弗朗兹）是儿童心理学学士，而英国妈妈Sylvia（西尔维娅）则是社会学硕士。因为*Moét*的围船栏杆早已腐朽，一天比悦彤小六个月的Dylan竟落了海，还好Dylan已经不怕水会游泳，而怀孕五个月的Sylvia也眼疾手快地立刻跳下水。但是Franz却并不担心他的船。每天去风筝冲浪（Kite Surfing，悦彤称之为“飞月亮”），晚上就带着吉他，在月光下弹奏着音乐。他们打算在飓风季来临前，把船开往新西兰，Sylvia也可以安心待产。

这回在兰卡威重逢，虽说悦彤已结交了许多朋友——有当地华侨、瑞士人、澳大利亚人等，她却和Dylan最谈得来。Dylan是个特别独立的孩子，他在水里如蛟龙，岸上如脱兔，精力充沛得不得了。他跟悦彤相同的是：两人都迷恐龙。他们是学术研究型。两人总在讨论不同恐龙的年代、尺寸及习性。连困难的拉丁名字，他们都拼写自如。两人讨论结婚后，要做考古研究，轮流外出挖掘。在家的那人要照顾猫和老鼠（因悦彤爱猫，Dylan爱黄金鼠），不要小孩（他们太麻烦了），还要置艘像泰马渔船（Long-Tail Boat）般大小的帆船。

两人商议要用电邮保持联络，长大后才能飞往对方的所在国结婚。

*Moét*船上一家四口目前定居英国康沃尔（Cornwall）。

Jade（翡翠号）一家人回香港后，Molly和Nancy去上学一年，父母发现学校教育只注重背诵，两个女儿失去了笑容，于是又重新在家自学。妈妈张惠侣女士特别为此在香港出版了一本书，2013年寄到特立尼达给我参考。Molly在书出版时是香港小艇风帆（Dinghy Sailing）选手。

❖ 双体船*Jade*（翡翠号）上住着来自香港的张惠侣女士（Cam）、Molly、英国爸爸Arni（Robert Highfield）和Nancy（2007 年）

❖ 小憩

孩子们的乐园——无人岛查戈斯 | 热带荒岛，有鱼有水，夫复何求

莫尔兹比环礁（Moresby）的查戈斯（Chagos）
2011年4月10日—5月13日

位于马尔代夫南方的查戈斯环礁岛群，为英属印度洋领地，没有居民，没有商店，因为早在20世纪70年代，居民已被强制迁移。

即便数年来已习惯于一次采购大量食品，我还是失算了。要准备三

❖ 鲨鱼常在船下悠游[Jerome （杰罗姆）提供]

❖ 鱼鱼鱼！每天都一群群游来游去

个月的补给相当不容易，没有冷冻库可以存放肉类，蔬果放冰箱也迟早会腐坏。靠岸时我们从不吃罐头食品，所以我估算错误，各式饮料带得很多，罐头却严重不足。

历时三十四天的航程，大多生鲜食材都已用尽，停船后的第一周我在担心食物中度过。才梦见可口的食物，天蒙蒙亮就被鱼的游泳声吵醒，一日我甚至被它们溅入舷窗的海水给喷醒。每天船下总有五六十条狐鲣（Bonito）游窜，浩哲想捞起几条可爱的小鱼来观察，没想到咻地捞网被迅雷般的大鱼撞落入海。

有如城市人置身荒岛，还好我们米、面不虞匮乏，另一项绝对优势是：虽然我们是如此无能无助的新手钓客，但查戈斯渔产丰富到鱼几乎可说是自投罗网的。

第四日，我胡乱钓到了鱼，但我害怕得抓不大稳，便由浩哲接手，不到五分钟，他已提上条50厘米长的狐鲣。

手足无措的我们等待它断气，为缩短过程，浩哲拿绞盘把手打它的头，我紧抓着不停挣扎的鱼身。看它嘴巴一张一合无法呼吸的样子，我不禁哭了起来。浩哲生气地叫道："是你说要抓鱼的！"他生气那鱼怎么还在动，驾驶区一片血腥混乱，悦彤气急败坏又叫又跳："滥杀无辜！你们滥杀无辜！"①

这就是我们前几条鱼的惨况，因为我们根本做错了，钓到鱼应该要从眼睛斜刺入脑，切鳃放血，而事后我还得在厨房剖肚切煮。若非我着实忧虑下两个月的食物来源，是不会想要重复这种经验的。

七岁的悦彤震惊于这样惨烈的屠戮，她用英文写了个标示，内容大致如下：**"想象你是条嘴里有钩的鱼，不痛吗？你的头被绞盘把手打，又不能呼吸，是什么感觉？"**然后她呼吁大家不要再抓鱼了。还写了张字条丢入海里：**"亲爱的鱼朋友们，请别再到船边觅食，你会被杀的！"最后的署名为：垂死的狐鲣。**

于是大人们问她："那你吃什么？每个东西都有生命呀！"经过几日的思索，她对大家宣告："我以后要训练我的小孩吃沙和进行光合作用！"

见证了约五千万年前的火山陆沉，莫尔兹比环礁由零碎小岛和漂移沙洲所组成；潮起潮落，人来人往，居民被迫搬迁后，仅在Île du Coin

---

① 悦彤第一次说我滥杀无辜，是在泰国我喷蟑螂药的时候，她那时正在看《哪吒》动画。后来我翻译给浩哲听，自此，每逢我们杀蟑螂、蚂蚁、米虫，她就叫嚷："Mass slaughterer of the innocent！"（无辜者的大屠杀！）

❖ 在查戈斯闭眼都钓得到的狐鲣

❖ Bill（比尔）送来的花斑刺鳃鮨（coral trout）。这就要潜水才抓得到了

❖ 绿蠵龟在查戈斯清澈海水下无所亦无须遁形（Jerome 提供）

❖ 拖累船速的船底寄生物：鹅颈藤壶（Goose Barnacle）

❖ 美艳贪吃的颌针鱼

❖ 鱼儿啊，不只是那些滥杀无辜的大人，最好也当心军舰鸟（Frigate Bird）的长喙！（Jerome 提供）

CHA

❖ 查戈斯全体小朋友纪念照（Arne 提供）

这块小岛上遗留下了**水井、一头黑驴和残垣断壁。**

倘若天不降雨，我们三个月下来都得仰赖兰卡威的淡水，因此最合理的打算是：去井边接取洗涤用水。问题是暗井浊水是密密麻麻无数蚊子的育儿所，在井边洗了一次，我就敬谢不敏了。于是我们挑水到沙滩上洗衣物、床单，并搬水到船上来洗澡、洗碗。

热带荒岛有鱼有水，夫复何求?

这里的帆船中共有十五个孩子，最小的仅两个月（出生于此），最大的十三岁，他们是最快乐的一群。早上大家分别上课做功课，近中午，71频道就充满了童稚的呼叫。对悦彤而言，除了必须吃鱼这件事外，没有任何地方会比查戈斯更完美了。她把Dylan抛到了九霄云外，每天梦呓似的望着椰子树歌颂着："Go to the wildlife！ Go to the wildlife！ The nature！"（到野外去！到野外去！大自然啊！）边跳舞边告诉我，这是她住过的最棒的地方！

她日日跟"英语帮"的孩子们堆沙堡，抓寄居蟹来**赛爬**，荡秋千（爸爸们合力搭了秋千和草棚），在浅滩玩水，玩过家家。"法语帮"孩子们则爱冒险，七八岁就驾着独木舟来来往往。他们也爱冲浪，一次一个小朋友差点被潮流卷到外海，还好每天总至少有一名大人看着，驾小艇救了回来。

"孩子船"一起办了许多活动，悬挂上树，拜访教堂废墟和墓园，

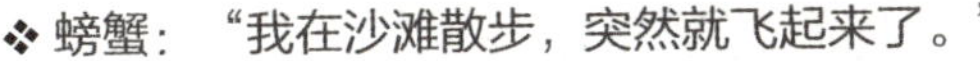

❖ 螃蟹："我在沙滩散步，突然就飞起来了。"

❖ 沙滩上满是寄居蟹。像蚂蚁一样，一闻见食物气味便挤成一堆

复活节沙滩露营，早餐寻宝①，生日会，舞台剧，在我们到来之前，还有营火烤鱼和音乐会……

几周下来，我们终于成功地将鱼当成了每日主菜。我针对肉质做了各种实验：生鱼片，腌渍，炸鱼块，奶油酱，糖醋，清蒸，醋熘，切碎后还可以做各种口味的狮子头、小笼包和锅贴。

就这样，我们雨天洗衣接水，晴天捕鱼上沙滩，有时去看看海底的瑰丽世界。可惜我泳技不佳，浩哲又因为腿痈手术无法下水，有点入宝山却空手而回的遗憾，但我们还是看见不少鲜艳的天使鱼和热带鱼。时

---

① 离开兰卡威时我们根本没想到复活节，直到悦彤在航行中问我："你觉得我们去Chagos（查戈斯），Osterhase（德语：复活节兔）会找得到吗？"在查戈斯我检查食品，发现根本没带烘焙用巧克力，于是我用花生酱做彩蛋，看来像真蛋的缩版，可惜小朋友们一点也不捧场。

❖ 2011年4月在查戈斯岛，悦彤去别家船看了些卡通动画片，对无羁自由的野马相当着迷，于是产生了这张水彩作品

常也有巨大的颌针鱼在船边捕猎，鳞片随日光时蓝时紫，美艳至极。

南半球的飓风季已近尾声，船只越来越少，我们的许可证也到期了。12日，即将离开朋友的悦彤，从沙滩回来时，哭得像泪人般。晚上*Jenain*（哲奈因号）船主——来自南非的Bill（比尔）和来自瑞士的Marlyse（玛丽斯）[①]，带着自钓自制的鲔鱼沙拉来做客。Bill谈着他在

① *Jenain*已是第九年到查戈斯了，Bill和Marlyse也是主要渔获供应者。Bill的祖父、父亲都是南非的军官，他自己亲眼见证罗得西亚更名为津巴布韦，在津巴布韦工作时他爱好狩猎，现在则热爱捕鱼。南非的种族冲突非外人能想象。看书和亲身经历毕竟不同，和各国人聊天时，我常感受到历史的沿革。即便大家都四海为家，文化习俗依然有迹可循。

❖ 悦彤和好朋友Darien（达里恩）

❖ Darien，跟我一起说服大人别杀鱼了吧！

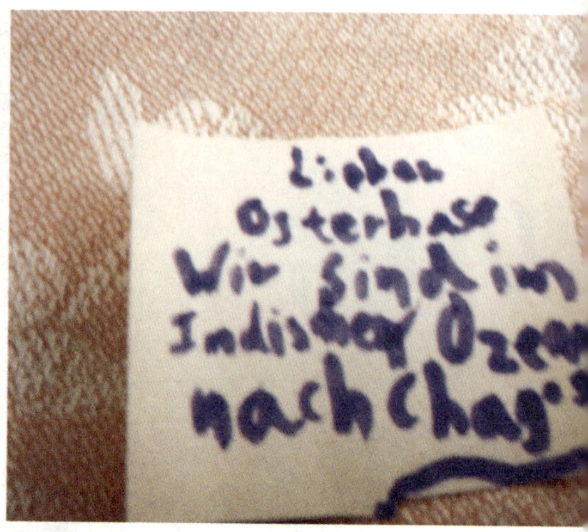

❖ 悦彤在航程中写的信：亲爱的复活节兔，我们在印度洋朝向查戈斯途中

津巴布韦当采矿工程师时的种种趣事和狩猎经验，悦彤一旁画着要送给她朋友的图画，一张张写下她的邮箱地址和想说的话。Bill说：“这就是航海的问题。和朋友刚熟稔到能言之有物时，也就是离开的时候了……”

5月13日星期五，我们启航告别这印度洋的环礁假期。

❖ 倾颓的教堂无言诉说着查戈斯的历史（Jerome 提供）

❖ 你说我慢，看看在水中谁赢啊！（Arne 提供）

❖ 温暖的海水，令人惊艳的海底生物，一群陪悦彤玩的朋友

群体生活

把孩子从制式化的生活带出来，需要很多的自信。成也父母，败也父母，无法推卸任何责任。

我第一次发现悦彤有社交问题是在新西兰。一位美国妈妈租了车，想带泊船场全体小朋友去游乐场，五岁的悦彤居然拒绝了，因为不想离开我那么久那么远。眼看别人三岁孩子都跟了去，我心里既失望又难过。

特别困难的地方在于文化差异，想想帆船户中有多少个说中文的小朋友？当然，对幼儿来说，语言只是小障碍，不过，接受我中式教导的悦彤，想法和习惯仍然和西方幼童不大搭调。

六岁后她的英文已超越中文，对朋友的渴求也越来越甚。我终于松了口气，幸好她没有因为航海而丧失社交能力。

她交朋友大多是一对一，直到七岁才在兰卡威游泳池粗领略那种“我跟你好不跟她好”的复杂行为。到了查戈斯，跟“英语帮”好几个小孩天天腻在一起，经历了几次纷争与和好，我才完全确定航海生活没对她群体生活的能力产生负面影响。

❖ Lennard（伦纳德）和Darien在查戈斯

毛里求斯 | “彩虹社会”

毛里求斯（Mauritius）
2011年5月23日—8月21日

从查戈斯到毛里求斯（2011年5月13日至23日），是两年来最心旷神怡的一次航行。打从离开澳大利亚以来，从未起过有利于航行的风，如今信风一起，惊喜地发现航行生活如履平地。纵然航程乏善可陈，还是比日日为灾难疲于奔命好得多。

踏上毛里求斯国土，我的感觉是：岛上建设很不错，公交车四通八达，与蔗糖相关的工业发达，有全民健康保险——施政颇有令人赞赏的一面。

但是，贫富差距也很大。基本工资一天约7美元，超市众多商品都是升斗小民所负担不起的：一罐薯片3美元，一块奶酪7美元。传统市场好些，但猪肉一公斤还是要7美元。

Francine（弗朗辛）是我在连锁超市Super U偶遇结识的当地人，有四分之一华人血统的她会说八种语言，一听我和悦彤说中文，便过来聊天。据她说，印度人、华人和非洲人原本都是来当苦力或奴隶的，解放后一部分人的政治经济地位逐渐升高（像Super U就是华资）。政府机关设有保障名额，以确保每个种族的声音都被听见。学校也特设各族语言课程。

如同我们在各地碰到的华人，毛里求斯华人也开设大小商店、餐馆。更成功的就开医院或律师事务所。印度人也干得有声有色。当然各族群都有无法立足之人，但是原籍非洲的族群，相较之下还是最为弱势。

首都路易港（Port Louis）拥挤的大市场旁有家小餐馆。老板看来质朴，但我暗中计算，他应该赚得盆满钵满。毛里求斯的租金很低，基本住宅一个月70美元，还包水电。高朋满座的简单桌椅，大多是来喝酒的当地人。他们先赚足可以喝一杯的钱，喝完再走出去赚下一杯的钱。其实，一瓶酒的利润在三倍以上，但是，他们竟撑不到赚取整瓶的钱再去超市买！

Francine总说毛里求斯是“彩虹社会”，各族和乐相处。但是，大湾帆船俱乐部（Grand Baie Yacht Club）却是禁止黑人进入的。而她自己也说，很多南非人因为担心黑人把国家弄得乌烟瘴气，赶紧到毛里求斯置业。

阿涛和芳芳也是我们结交的华人朋友，他们胼手胝足，九年打拼下来自己的餐馆。他们有当地身份和健保，但是说要看牙还是要回中国，因为当地牙医只会拔牙……我突然想起，Francine的英籍丈夫Bob缺了几颗牙。

Jean Edgar（吉恩·埃德加），大湾帆船俱乐部的轴心人物，第七代毛里求斯法国人，友善好客，经营进口酒类生意。当我们前往他家做客时，赫然发现，房间也是颇为简单——原来无论是法国人、华人、混血，在居住方面终究取得了些平等。当然，有心力请我们吃饭的已非赤贫的一群。

毛里求斯是比上不足比下有余，纵有酗酒人口和贫富差距，但犯罪率不高。虽然主要语言是法语和混合的克里奥尔语（Creole ），但任何贩夫走卒都还是能用英语做简单沟通，基本教育算是完善。帆船俱乐部还很大气地给每艘船免费的临时会员福利，三个月的毛里求斯生活，有些许度假的感觉。甚至后来帮悦彤买了只黄金鼠和一艘单桨独木舟。

继续西行，我们才明白毛里求斯在非洲已算杰出。

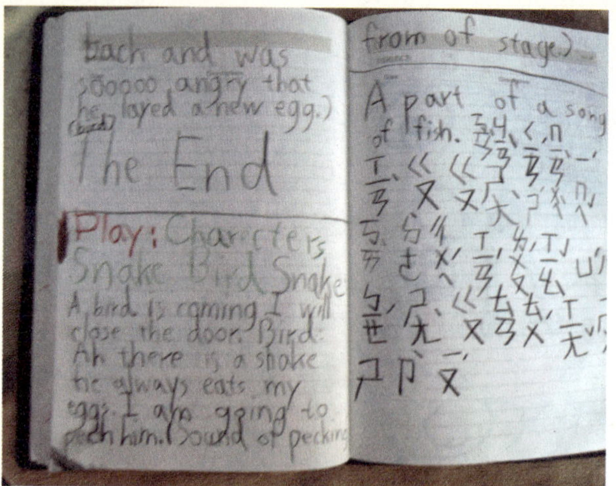

❖ 悦彤喜欢写下心里的话

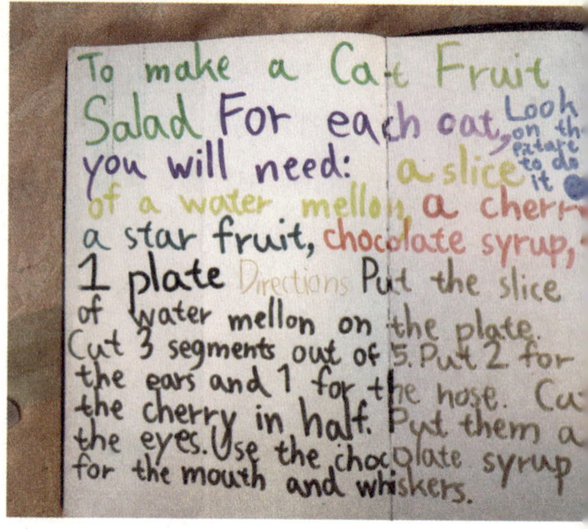

❖ 写英文比较容易

❖ 大湾帆船赛

❖ 毛里求斯印度教神庙（Tamil Temple Cailaisson）

❖ 黄金鼠Hamsti喜欢钻卫生纸筒

❖ 植物是怎样喝水的呢?

停靠在大湾的帆船大都是从查戈斯开来，好似同期兵役役男，大家有种不可言喻的熟稔。我还在校订这本书时，*Byamee*（贝亚米号）写电邮来告知：和我们在毛里求斯曾有过短暂交流的荷兰船*Mary Eliza*（玛丽·伊丽莎号）船主Robert Sterenburg（罗伯特·斯滕伯格），于2013年9月3日在委内瑞拉的玛格丽塔岛（Isla Margarita）被持械上船的抢匪射击而死。

另一位退场的点头之交是来自英国的Edward（爱德华）。在南非豪特湾总看见他清瘦的身影，一点一滴修缮并重漆他的迷你船。从北大西洋南下到好望角，花了他三个月，我们不禁问道："那么小的船，你食水有带够吗？"

他腼腆地回答："旅程后期，我是得计划限制每日的米粮。"

身为独行侠的他打算继续往东南前往澳大利亚，大家异口同声地劝阻："逆风，风浪又大，犯得着这样辛苦冒险吗？"

后来接到的消息是："失联，请大家帮忙寻找*Spirit of Rema*（瑞玛精神号）！"最后是："*Spirit of Rema* 已失踪超过半年，海岸防卫队正式停止找寻。"

Dharma Bum Ⅲ
SHIP'S LOG-BOOK

航海日志7
另一个星球

2011年9月—2012年1月

❖ 马达加斯加（Madagascar）（Elie 提供）

马达加斯加东岸外岛 | 布拉哈岛：座头鲸“幼儿园”

马达加斯加（Madagascar）东岸外岛布拉哈岛（Nosy Boraha）
2011年9月

煤炭炉上的食物冒出蒸汽。两户茅草屋比邻，晾衣绳上飘摇着破旧的衣裤。泥土路后面是远山。摊位的简陋商品，看来让人觉得像是从回收车卸下的，至于超市，悦彤是这样评论的：“我想再过几年，它就会变成**真正的**超市，对不对，妈妈？”但走在街道上，她却又兴奋地大叫：“鹅！鹅！妈妈，快照相！”

这就是马达加斯加。

入境处布拉哈岛（Nosy Boraha，法语：Île Sainte-Marie）是观光胜地，据友船说，这里算是进步的。办理入境手续时，我们发现所有的金融卡都无法领钱，只有以信用卡预借现金一途。警察，海关，不断要求礼物……我们早有准备，知道他们只要钱或威士忌。

啊！我们终于来到了非洲！

从毛里求斯到马达加斯加（2011年8月21日到28日），虽天气不佳，但是风浪始终来自后方，我们连主帆都省了。

接近布拉哈岛，两条座头鲸（Humpback Whale）远远地喷了气，然后潜入海中，我们终于如愿以偿看到漂亮的鲸尾。这里是座头鲸们的

❖ 天上的星星，地上的房子（悦彤画作）

❖ 悦彤的美术作业，描绘大西洋上一群翅鲸亦步亦趋尾随着我们

“幼儿园”，每艘船几乎都看过鲸妈妈带着鲸嬉游。但是据说，也曾发生过跃起鲸鱼降落到船上的“鲸祸”！

抵达后才发现马达加斯加和毛里求斯相差颇巨。货品质量差多了，连蔬果鸡蛋亦如此，而且除了驼峰牛肉（Zebu，又称瘤牛）和当地啤酒外，大部分食物还比较昂贵。

马达加斯加国民所得相当低，平均每人每日花费低于2美元。让我不得不想起基里巴斯，而据说这里很多人也同样在海滩如厕。有点遗憾的是，布拉哈岛人总不断要钱——上岸，人们争着帮忙拉绳子、丢垃圾，只为了索小费。虽情有可原，却丧失了人与人互助的人情味。基里巴斯人同样贫穷，却并非如此。

事实上，布拉哈岛本是乌托邦小说《海盗王国》（*The Utopian Pirate Republic of Libertalia*）的雏形。不过，我的感慨是：一粒老鼠屎坏了一锅粥。认为偷抢是致富快捷方式的人，当然就是我们这些“富人”最常碰上的人种。据主岛西岸友船以无线电报告，有艘法国船上的人上岸吃晚餐，回家后发现船被洗劫一空；而警察也对我们说，每样东西都一定要上锁；有些地方的居民甚至用望远镜观察观光客，伺机而动。

但这里的生活，也真的是一贫如洗。大多数住家没有自来水，要走到小区水龙头抬水；木板屋看来遮风挡雨的功能有限；除了一条主要干道，全是坑坑洼洼的泥土路；市政府看来像贫民窟，摇摆的木门后，一张破棉絮床想来是官员午睡所在，办公桌上仅有一盏昏黄台灯和一台旧打字机。村里的大发电机设在海边，日日夜夜发出轰隆隆的巨响。这里每个村落的水电来源都是如此，富裕人家才有自己的水龙头。

❖ Faly（法利）岛傍晚渔船收工（Elie 提供）

❖ 变色龙（Elie 提供）

马达加斯加东岸 | 马诺姆帕拿：挨饿也是大自然的规律

马达加斯加（Madagascar）东岸的马诺姆帕拿（Manompana）
2011年9月

我有一点惊讶的是，上路都六年了，马达加斯加竟会让我有些脱离现实的感觉。或许是文化差异，让我弄不清人们的想法和意图，所以不知如何做适当反应；或许因为来自各友船的电邮，让我有了先入为主的想法；也有可能是我很诧异于当地的贫苦与落后。

离开布拉哈岛，我们前往主岛探访停泊在当地的法籍帆船*Oberon*（欧伯伦号）——我们在查戈斯结识，毛里求斯熟稔的好朋友。爸爸

❖ 渔人的独木舟

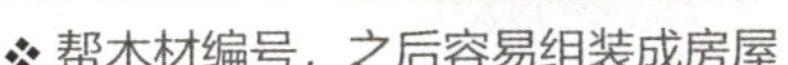

❖ 帮木材编号，之后容易组装成房屋

❖ Elie询问当地人工作流程

Elie（伊利）来自新喀里多尼亚，妈妈Marie-Laure（玛丽-莱尔）来自科西嘉岛，还有一个超级捣蛋的八岁男孩Jules（朱尔斯）。

宁静的马诺姆帕拿村没有村落发电机，没有柏油路，就连菜市场也没有。还好我在布拉哈岛预借现金拿了一大笔钱，否则还真没钱付账。*Oberon*已经在村里待了一个月，跟当地的法国义工混得很熟，我们因此得知不少故事。

年逾五十岁以上的马达加斯加人，有时跟义工们讲讲过去法国人还在的情景——村里有电，水龙头里有水，路也不那么颠簸。我们触目所见的是——许多水龙头已倾颓，少数住户以家用发电机蓄电，若要前往首都，要挤在充满货物的吉普车上摇晃两天。

当地有家建材工厂，工人们忙着把木材、木桩编号，一组组运到布哈拉岛组装成房屋。他们只有两个金属工具：一把锯子和一个钻子。没有钢钉，全是木钉，一段段分割下来的木材连平整都称不上。看着看着，竟让我想起博物馆里铁器时代的工具展示。

大约有50%的孩子能上小学，有些村落没有学校，去上学来回要走四个小时。家长不但要付费给学校，还得分摊老师的薪水。马诺姆帕拿老师的日薪约3美元（5000 Ariary[①]），但没有老师愿意来。

每到天黑，村里便只剩几盏昏黄小灯，远看几乎毫无人迹。回忆起刚到时我们很惊讶，已经那么接近陆地，还看不见灯光。航行多年，抵达前一晚海平面总有灯光，若是大城市，金黄色的一片就像刚掀开了聚宝盆。但马达加斯加却连渔船灯火也不见。

他们的市场经济也费解。几乎都是自给自足，自家庭院种不同作物，再养些鸡鸭鹅或驼峰牛。每到旱季就有人挨饿，有人会去商店赊米，赊欠久了，家有的土地便易了主。我觉得不可思议——雨季时每两天就下大雨，船上水箱都接满了，当地人为何不储水？[②]我们的船下每天有一群白鲳来吃厨余，海洋又不受旱季影响，为什么会挨饿？

Marie很哲学地说：**“挨饿也是大自然的规律啊！”**

然后，货物价格以交通便利程度而定。原以为布拉哈岛是观光客价

---

① Ariary（阿里亚里），马达加斯加的法定货币。

② 后来Marie问了帮Elie编草帽的人家，为什么不储水？他们说：“千万不能放水塔啊！巫师会下毒的。”我们的推论是，这里的争执多，可能真的会有人请巫师下毒，久而久之人们也就不敢再喝储存水了。

❖ 我很想把白鲳抓来吃，但是始终没抓到。不过可能也是因为我们不在查戈斯了，心里有种“反正能上市场”的笃定

❖ 来自英国的*Lily Bolero*（莉莉·博莱罗号），仿古木制帆船

钱，后来发现马诺姆帕拿更贵，我猜测是货源困难的缘故。

于是，我们每天上街看有什么食物就买下来，星期二、星期四是驼峰牛日，大雨滂沱也不可错过。*Oberon*一个月下来，想买只鸡或鸭都不得法，后来终于买到了鸡——傍晚时由独木舟送来。次日Elie在船后斩鸡头放血拔毛，Marie煮了咖喱鸡，烤了草莓派来请客，那草莓还是*Oberon*在美国时她自制的罐头呢！

周五下午我为前日买的驼峰牛腱奋战时，七岁半的悦彤突然大叫：“妈妈，外面有人找你，手上拿了好大的虾子！”我不禁失笑，告诉她那叫“龙虾”。刚要放下工作出去，悦彤说他们划去*Oberon*了。后来我们是一起享用的，两只约30厘米长的龙虾，Elie和Marie只付了8000 Ariary（约4.3美元）！

周一我们决定上餐厅吃午餐，看看当地人吃什么。首先，发现餐厅食材不够。然后，有只流浪狗蹲踞一旁，它身上密布的跳蚤，活跃爬行在剩毛不多的裸皮上，它一抬腿抓痒，我便有跳蚤四处奔飞的想象，我们赶它不走，老板也置之不理。最后上菜了，我的汤有苍蝇，悦彤的有蚂蚁。虽然不可思议的便宜（每人50美分到1美元），但Marie和我决定，今后还是自己做菜好了。

可怜的法国义工们，完全吃不惯住不惯。有人问我："市场里的驼峰牛肉满是苍蝇，你怎么还买？"说实在话，我真是想都没想，当天宰杀的牛回家洗净现煮，我猜苍蝇卵应该来不及孵化吧？

也有些很刻苦的，有位叫Vincent（文森特）的年轻人，会说点英文，他已经待了五个月，再过一个月就回法国。他做的是有机农场，这是他们农技系的论文计划。我们了解了堆肥的过程，Vincent解释着：当地农民所买的种子，经过基因改良，但只能种一季，果实所生的种子没有生产力，因此，他们采用有机方式，帮助农民尽量回归传统作物，如此一来，他们便不必每季花钱买种子。

和*Oberon*共度了一周，结识了许多法国义工。临走时，悦彤跟他们讨了一株西红柿，一株九层塔秧苗。养了只黄金鼠，又加了个农圃，现在，我们的船越来越不可思议了！

马达加斯加北角 | 贝岛：世界上再也没有这样的地方，能让孩子无忧无虑玩耍

马达加斯加（Madagascar）北角的贝岛（Nosy Be）
2011年9月23日—11月17日

离开马诺姆帕拿，我们仅仅花了四天时间，便抵达马达加斯加北部的观光离岛——贝岛（Nosy Be）。起初无风，后来天气转阴而不稳，到9月23日过北角Cap d'Ambre（昂布尔角）时，风力达35节，尽管我们卷起了30%的帆，船速最高仍达12.8节！虽时有巨浪喷溅，所幸风来自

❖ 过北角Cap d'Ambre时看见海豚，悦彤也爬起来看

❖ 马达加斯加的住家围墙

后方。悦彤全程晕船，足足躺了四天。

转过了北角，风便停了，热得无以复加。一入港，我们便看到*Byamee*停在远方，把船驶近大喊，悦彤先又叫又跳，听见我们的叫喊，Darien（达里恩）也跑出船外又叫又跳！于是，接下来的一周，社交活动十分紧凑，我们一直没能把夜间值班警戒的疲累调适过来。

*Byamee*的Joyce（乔伊斯）热心地充当导游，她告诉我们，办入境手续要非常小心，陷阱是：有些官员会狮子大开口，弄不清到底多少进了他们私人的荷包。尤其夸张的是，有艘船付了规费，拿到了入境文件，办出境时，竟发现那官员没盖章，把钱收进了自己口袋。他们气急

❖ Mike（迈克）5岁的女儿Alice（爱丽丝）和Nadine

❖ 陨石坑湾

败坏地前去理论，那人当然不承认，最后只好再付一次。

为避免我们受骗，Joyce把我们介绍给已经往返非洲大陆和马达加斯加十六年的*Now-Now*（即时号）——英国爸爸Graham（格瑞艾姆）、南非籍印度妈妈Veronika（维瑞尼卡）和八岁的女儿Nadine（娜迪恩）。接下来的两个月，悦彤都和Nadine腻在一起。

我一直没能理解马达加斯加。和别人讨论起来，一致的观感是：一、小偷猖獗，二、一定要杀价。因此我在贝岛的生活，过得并不轻松。当然，语言障碍可能也是个很大的原因。

船停在陨石坑湾（Crater Bay），购物则得坐出租车半小时到海尔维尔（Hell-Ville）。海尔维尔也有港口，但更不安全。在陨石坑湾已经够麻烦：每次出门，每扇舷窗都要一一上锁，回家打开门，42摄氏度的高温，黄金鼠都快热昏了；晚上临睡前，要将小艇引擎用粗链条重重上锁，Graham甚至每晚把引擎搬进舱内。

西岸的马哈赞加市（Majunga）治安更差，一夜四个盗贼登上了友船，船主Palain自睡梦中惊醒，他气愤地立即抓起菜刀和开山刀，披头散发（他蓄一头卷曲长发）龇牙咧嘴大吼大叫，居然把他们吓得跳进水里。另外一艘船没人醒来，电子仪器就被盗空了。

然而，身为外国人的我们，又怎能真正了解马达加斯加人的苦楚？

想象你出生在马达加斯加。你的家并不能遮风挡雨，大风吹来或许便倾斜一边。四窜的老鼠，豢养的家禽家畜，家里从未干净过。没能上学的你，穿着残破的衣服，赤着脚跟妈妈去抬水；打好水顶在头上回家，淋淋漓漓，一辆车开过，尘土沾了满身，你心想，怎么妈妈的头就稳定多了呢？但是妈妈也不是万能的，上次一个外国人来买青菜，妈妈就看不懂她写的数字，最后妈妈拿Ariary给她看，她才看懂了。牛车来了，妈妈叫弟弟快让路，弟弟的鼻孔沾着鼻涕、尘土，肚子圆鼓鼓的。上厕所时你尖叫起来，因为有只虫卡在肛门不上不下……

阿姨就过得好多了。她总是在傍晚时开始化妆，衣服好漂亮，还有好多闪亮的戒指和手环。每次你和弟弟去海滩玩，都看到她跟不一样的外国人在一起。表姐才十四岁，就可以和阿姨一起去，你真等不及长大……

有些外国人看中了当地的便宜物资，在此置产或发展事业。奇妙的是，*Oberon*北上后，Elie还找到了浩哲和他共同的老朋友Frederic（弗雷德里克）——浩哲和Fred是1989年在法属圭亚那结识的，当时他不知

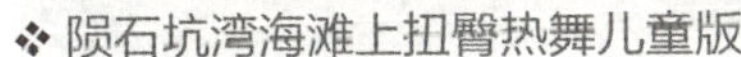

❖ 陨石坑湾海滩上扭臀热舞儿童版

❖ 小学体育课也教扭臀舞

道Fred是马达加斯加白人。当初的三个单身汉现在因缘际会再度相见，各自都带了妻儿；从前大家头发还多还长，现在也都稀疏了。如今Fred在陨石坑湾海滩经营珠宝店，亲自去矿坑选购蓝宝石。他从前的船残破了，沉入了陨石坑湾，桅杆变成了店屋顶上的地标。

是的，如同Fred的成功范例，马达加斯加矿产丰富，几乎可说是机会遍地，可每位经商的人都说，红包压得他们喘不过气来。后来看一本讨论世界粮食生产的书，发现马达加斯加居然把大批土地租借给外国人去种植粮食；而*Oberon*却告诉我们，在马达加斯加内地，他们曾看见因营养不良而肚子鼓胀的婴幼儿。

或许要治理这样一个大岛的确艰难，但我却看不见任何令人激赏的政策。比如教育不普及是个严重问题，但我也没看到任何解决方案。最可怕的是，社会治安非常不好。

还是讲个小故事好了。英国人Mike（迈克）退休后，决定到马达

❖ 巨龟就住在架高的木屋下

加斯加发展，他开了家建设公司，用砖块水泥盖房子，事业颇为成功。他也再度娶妻生子，虽然已七十岁了，三个儿女目前分别为十二、十一和五岁。他太太小时被盗匪吓过（Mike说，她家穷到只有锅碗瓢盆，真不知抢匪要抢什么），至今总要把门重重上锁才安心。生活优裕的他们，看来既圆满又幸福，但太太每当做梦梦到Mike有外遇，便大哭大闹抓得他满脸伤痕，有时他还在睡梦中呢。Mike每每解释梦境当不得真，但太太却确信那是巫师给她的指示。

有回我在街上和Mike偶遇，他无可奈何地表示，放下繁忙工作要去保释他的工人。前日拿钱叫他们去买水管，买回来的却新旧不一，问他们也支支吾吾答不上话。后来接到他岳母的电话，说那两人因偷窃被关了。想想都替他叹息。

说实在话，马达加斯加是我见过的人文环境最糟的国家。但是特殊的动物及自然生态，却是极吸引人。马莫可岛（Nosy Mamoko）有可爱不怕人的狐猴，呼叫“Maki，Maki，Maki，Maki，Mak……”它们就从村后山跑出来，跳到我们身上抢香蕉。还有那超大陆龟，就住在四柱顶立的木屋下。渔产也极丰富，Graham出海一下午，就钓到十几条超过50厘米的肥美大鱼。

Frederic的立论更难以打破：**世界上还有哪些地方，孩子能如此无忧无虑地玩耍？**他的两个儿子和Mike的两个儿子总在岸边跳水嬉游，或骑自行车各处跑，豢养的宠物是猎鹰，他们的乐趣又怎是打电脑游戏上才艺班的孩子们所能想象？或许，在马达加斯加出身优渥，还是不错的。即便是生活水平不高的孩子，笑容依旧是如此灿烂，我猜，除了饿肚子的日子之外，他们亦真是无忧无虑。

然而，无论我们对马达加斯加观感如何复杂，也该是离开的时候了。于是，11月17日，我们坐出租车赶往海尔维尔办出境，浩哲希望：这是他最后一次对红包讨价还价。

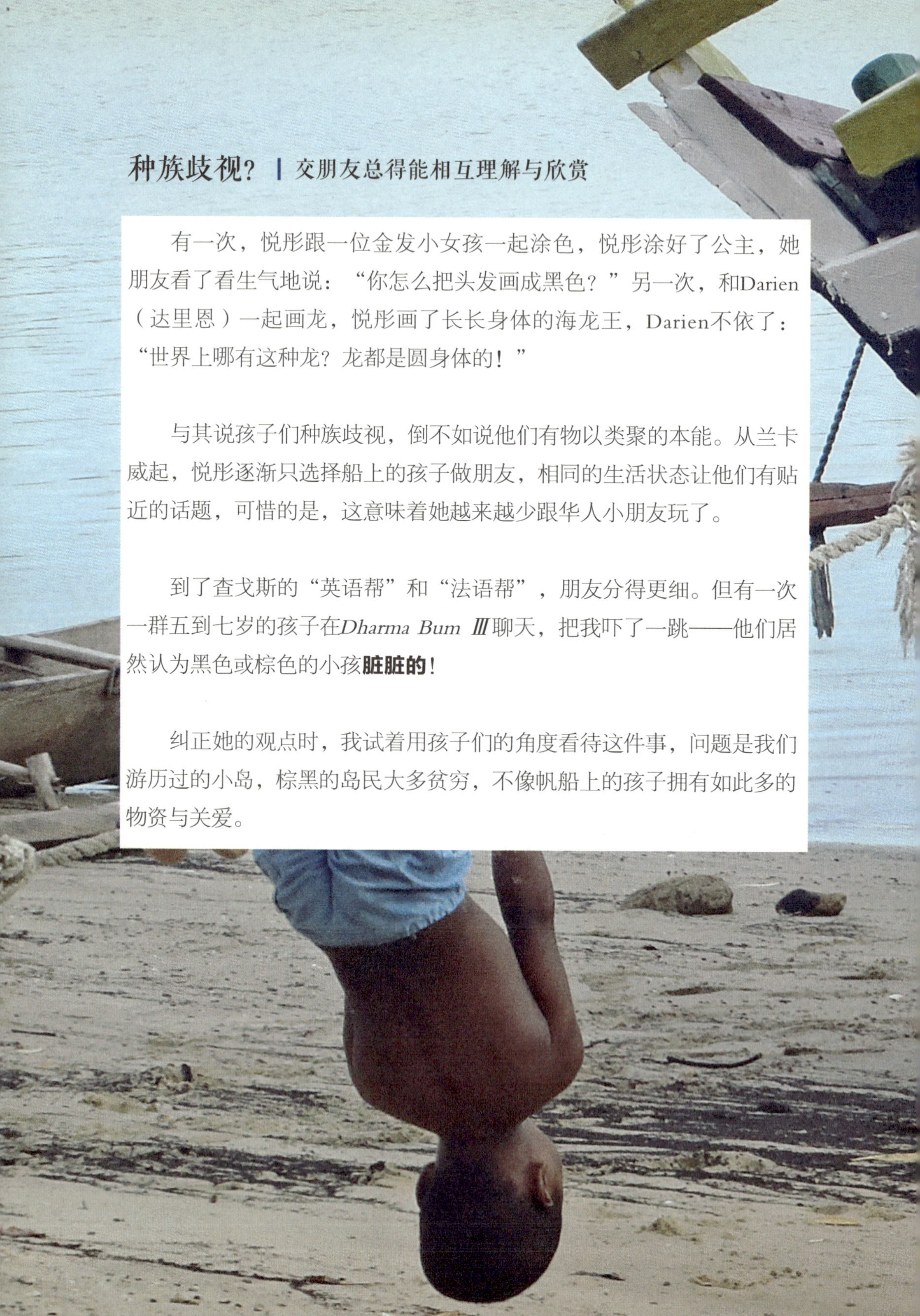

种族歧视？ | 交朋友总得能相互理解与欣赏

有一次，悦彤跟一位金发小女孩一起涂色，悦彤涂好了公主，她朋友看了看生气地说：“你怎么把头发画成黑色？”另一次，和Darien（达里恩）一起画龙，悦彤画了长长身体的海龙王，Darien不依了：“世界上哪有这种龙？龙都是圆身体的！”

与其说孩子们种族歧视，倒不如说他们有物以类聚的本能。从兰卡威起，悦彤逐渐只选择船上的孩子做朋友，相同的生活状态让他们有贴近的话题，可惜的是，这意味着她越来越少跟华人小朋友玩了。

到了查戈斯的“英语帮”和“法语帮”，朋友分得更细。但有一次一群五到七岁的孩子在*Dharma Bum Ⅲ*聊天，把我吓了一跳——他们居然认为黑色或棕色的小孩**脏脏的**！

纠正她的观点时，我试着用孩子们的角度看待这件事，问题是我们游历过的小岛，棕黑的岛民大多贫穷，不像帆船上的孩子拥有如此多的物资与关爱。

毛里求斯对帆船孩子来说，是查戈斯的延伸，已经熟稔的朋友们，眼中再看不见当地的孩童，更何况黑人是禁入帆船俱乐部的。而衣不蔽体的马达加斯加小朋友，在我眼里很可爱，悦彤却觉得奇怪，更严重的问题是语言不通。

后来我转念又想，其实她也讨厌法国男孩Jules（朱尔斯），宁可寂寞也不跟他玩，或许跟大人一样，交朋友总得能相互了解与欣赏。不然，她自己是一半黄色人种，除了有些东西**画错**，也没被人嫌啊！

❖ Jules和马达加斯加男孩（Elie提供）

❖ 找到了爸爸的帽子陪我写功课

❖ 可爱的狐猴完全不怕人，香蕉是连皮一起吃的

❖ 市区餐厅也养陆龟哟！

❖ 可爱的狐猴，它们有五根长手指，手掌很软

❖ 陨石坑湾的渔船

❖ 布拉哈岛的主要干道

❖ 马达加斯加国宝：狐猴

❖ 艳丽的壁虎是酒吧柱子上不请自来的壁饰

❖ 快乐的马达加斯加学童（Arne 提供）

❖ 顶着妈妈烤好的面包上街兜售（Arne 提供）

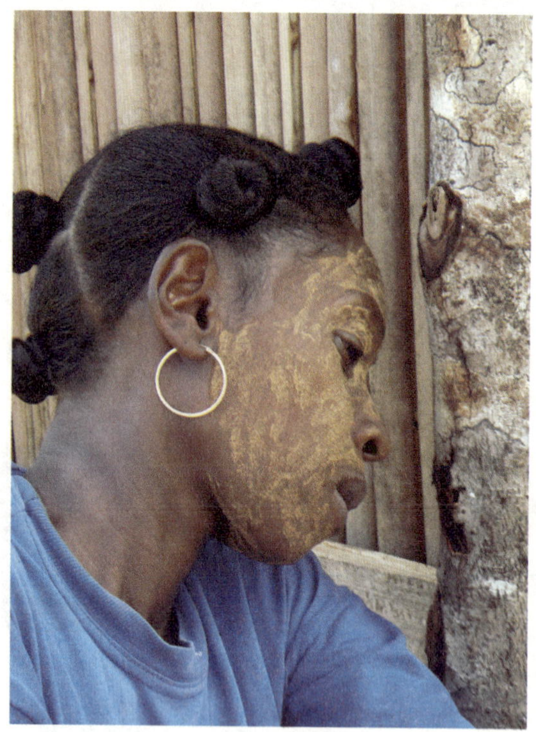

❖ 防晒油兼防蚊液（Arne 提供）

❖ 除了驼峰牛，人力车亦为短程交通工具（Arne 提供）

❖ 蜜饯摊（Arne 提供）

❖ 充实的一天，夕阳帮忙写下了句点（Arne 提供）

❖ 猢狲木（Baobab Tree）（Arne 提供）

❖ 猢狲木所开的花（Elie 提供）

❖ 海滩音乐会（Elie 提供）

❖ Jules和龟（Elie 提供）

❖ 狐猴：“Jules你上独木舟小心点，我可不想落水……”（Elie 提供）

❖ 我们的法籍友船*Oberon*（欧伯伦）（Elie 提供）

❖ 狐猴：“这里摇摇晃晃的，我要回家……”（Elie 提供）

❖ 马达加斯加海滩摊贩（Elie 提供）

重回文明 | 万一好运不再降临，会是什么结局？

南非（South Africa）的里查兹湾（Richards Bay）
2011年12月12日—2012年1月30日

从马达加斯加直航到南非，真有些重回文明的感觉。柏油路，连接**完整**的马桶，干净的水居然从水龙头流出来！

闲聊时发现，水手们对莫桑比克海峡大多十分敬畏。尤其是独行侠们，更多了几分危机意识。多人被紧急送医，更多帆船被拖曳入港，自己和别人的意外与灾难，一切让我们不由得揣测：万一下一次好运不再降临，会是个什么结局？

里查兹湾最不可思议的地方，便是可以免费停船。从德国船*Safina*（苏菲娜号）接好了水电，生活过得紧凑却也容易。我搬出了半自动洗衣机，日日边上课边洗晾。最初几日，每艘船都披披挂挂晾满了东西——漏水不是我们的专利呢。

据说从前里查兹湾是要收费的，但自从“改朝换代”，就没人愿意花时间计费收费了。至于我亲身体验的南非是如此：房子装设铁门窗，围墙竖起尖利且导电的铁丝网，好像因为坏人在外乱跑，好人都只好住在“监牢”里。走路要成群结队，购物要进购物中心，别去不明的巷道。教育水平有些低下，跟我们同日进港的挪威先生Lars（拉尔斯）自我介绍时，有人居然问：“Norway？ Where is it？”（挪威？在哪里？）

种族问题凸显在职位上，白人失势后，伴随而来的是失业，履历自是不容忽视，但肤色更是种取决因素，政府机关尤其明显。每位官员都很友善，但有些并不胜任，我们到达整整一周后，才终于办妥入境。（哈！浩哲多高兴不必再跟官员讨价还价！）

邻居中有艘南非船已滞留十二年，失业的白人船主是位工程师，还带着个患唐氏症的儿子，太太不住在船上，很久才来一次。他的船很老旧，想出航又怕钱不够，求职又总是被拒。听了不由得为他沮丧。

路边和购物中心旁，不时有人伸手乞讨——黑人白人都有。乡村的房舍看来也简陋贫穷，贫富差距不小。

里查兹湾不代表南非，不过它是世界上最大的煤炭出口港，很多无技术人口定居，这里也是南非肥胖人口比率最高的城市。

其实里查兹湾倒比较像市郊，要开车半小时才能抵达购物中心，其余地区几乎没有商店，顽皮的猴子倒很多地方都有，常大摇大摆地跳到船上拿东西吃。要采购时，大家多合资共乘出租车（部分也因为治安恶名昭著），相熟的司机Carol（卡罗尔），单程收50兰特（1美元约为8兰特）。后来我嫌约人等人麻烦，倒宁愿一个人去。

近年来在水手圈内，我博得了美食大厨（Gourmet Chef）的称号，说穿了没什么，只因为我受不了难吃的食物而已。于是圣诞大餐和新年大餐的重责大任都落在我身上。我花了很多时间设计菜单，后来觉得总做中国菜太无聊，年后请客我设计了一桌意大利菜，生活忙得不可开交。

悦彤在南非过了八岁生日，可怜的她在南非没交到朋友，因为我

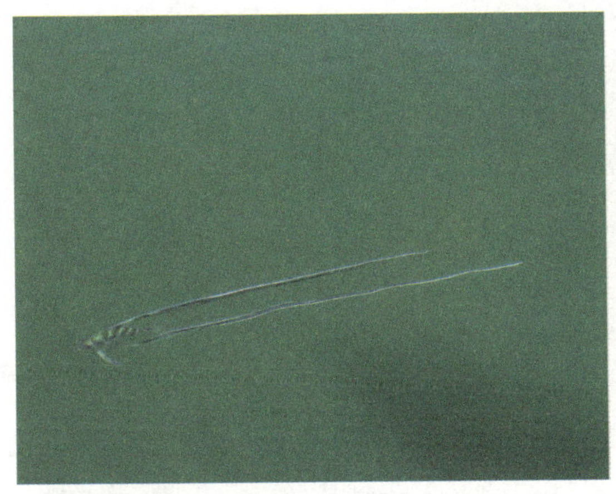

❖ 里查兹湾里美丽的鱼

❖ 野生动物园里的犀牛

❖ 野生动物园里的黑斑羚和斑马

❖ 角马

们抵达较晚，有小朋友的船都离开了，所幸野生动物园（Game Parks）给了她很多乐趣。有趣的是，我们都觉得犀牛、鳄鱼、河马、大象近在身旁很特别，她却偏好羽毛各有所长的鸟类。美国船*Arctracer*（溯弧线号）送了她一本介绍园内动物的书，她利用空闲时间把名字全抄了一遍，认得的动物可比整天只汲汲于生活的爸妈要多得多了。

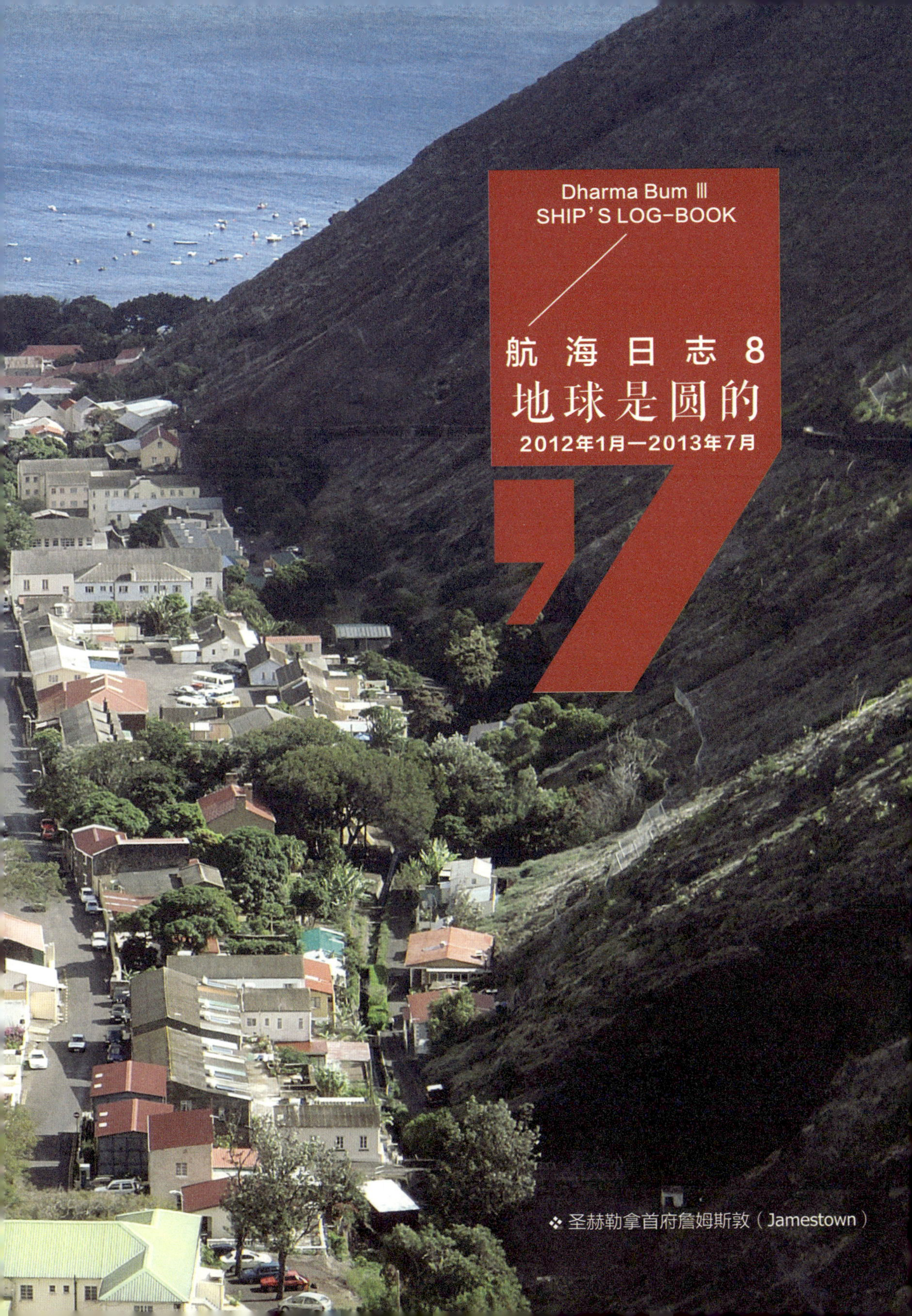

❖ 圣赫勒拿首府詹姆斯敦（Jamestown）

这件事也终究会过去 | 既然非等待不可，不如好整以暇

里查兹湾（Richards Bay）→德班（Durban）
2012年1月30日—2月12日

1月30日到31日，是近年来最凄惨的一次旅程。

一离开里查兹湾，就发现自动导航没反应，右侧引擎也突然停摆。离港通道20节的逆风，单单一个引擎马力不足以对抗，仿佛逆水行舟，时停滞时后退，大浪从前方喷溅，浩哲收整缆绳，我掌舵，悦彤边躲浪边听右侧引擎的动静，指挥爸妈每隔几分钟便重新发动。

远离通道后，东北风推着我们一路向西南行——这正是等待天气的原因，浪高4米以上，若是来自前方，哦！简直让人无法想象。即便是来自后方，轰隆隆的巨响，翻卷的白浪，也是够让人心惊胆战的。湿漉漉的悦彤晕船昏睡去了，我们没时间再理会右引擎，浩哲努力修理自动导航，我掌着舵。

悲惨的是，后来我们发现根本无法修复。一路轮流掌舵到德班。

想象你开着一辆没有动力方向盘的敞篷车，熬夜在颠簸崎岖震摇的路上，至少你还不必担心偶尔从左后方打得你一身湿的浪，以及室内震落的各项杂物。悦彤若大叫妈妈，就得立刻冲入舱内——还是充满呕吐物的床单、床垫听来比较令人向往吧？

首日航海的夜晚，原本就难调适。一身雨衣防浪的我，一温暖便

想睡，而被大浪转歪的舵盘，又要费老大力气才转得回来，手臂已开始酸疼，不断大声唱歌赶走瞌睡，专心想着从书上看来的句子——“This too，shall pass.”（这件事也终究会过去。）

是啊，从上午11点出发，撑到晚上7点浩哲换班，到第二天上午10点下锚，两人加起来也不过二十三个小时而已，没什么大不了的。

一到达泊船场，左侧引擎居然也停摆了。昨晚风浪突然转向前方，震落了拼装餐桌，锚链也再度松脱。为了早点脱离苦海，我征求浩哲同意开了引擎，难道……引擎也会过劳死？

同日出发的几条船，原本都是要一路到东伦敦（East London）或伊丽莎白港（Port Elizabeth），但Peri Peri（派瑞派瑞）天气网却突然下了“天气已变，速速入港”的指示，于是大家都躲入了德班。但我们自是比他人更加沮丧，因为在修复设备之前，我们又走不成了。

不顾友船*Tanoa*（塔诺阿号）Michael（迈克尔）和Edmund（埃德蒙）的反对，我们请专人来修引擎。他们两人都是引擎技师出身，总觉得一切都很容易，但浩哲在里查兹湾自己换引擎机油时，就咒骂了五天之久，而且右引擎之所以出问题，就是因为他不慎使空气残留在油管里。

经过检测，左引擎之所以停摆，是因为泰国技师Virat（维拉）一年多前装错了管线，八小时下来，就过热爆裂了。

至于自动导航，电脑太老旧得换新的，花了2.7万兰特（约人民币1.34万元）。我们自是心疼不已，但是连专家都束手无策，我们又有何选择？①

① 后来抵达开普敦，多人告诉我们，那自动导航电脑若在开普敦订购，或许能省上1万兰特。因德班的经销商恶名在外，专门超收德国人和美国人的钱。“Because they can afford it.”（因为他们付得起。）——据说这是他们的名言。

除了要花时间转账外，还得等零件运送过来，于是，当*Tanoa*跟好几艘船在2月5日离开时，我们的心情跌到了谷底。谁知道下一次的好天气还要等多久？

世事难料，孰知这竟是塞翁失马。几艘离开的船碰上了35节逆风，两天后竟又回了港。看着疲累的Michael和Edmund，我们唯有苦笑以对。

既然非等待不可，不如好整以暇。第一次外出买菜，我紧张得不得了，Des（德斯）说在德班最好连公交车也别搭，所以我跟泊船场要了地图和出租车行的电话。事后发现根本不必如此如临大敌。

德班大都会和里查兹湾完全不同，倒和台北市比较相像，商店都在步行范围内。但是，有一天我按图索骥去找中国城时，一位印度先生拦住了我，问明我的目的地后，他指引我转向更大的干道，一路指示到我看见那栋大楼，才回去上班。我感激地问："那条路也很大，难道不能走吗？"他的回答大意如下：不怕一万，只怕万一啊！我才又有了几分危机意识。

可是我好不习惯这四处设防的心态。另一日，我们全家一同外出，一位非裔先生上前问路，我不假思索就指给他看，后来被浩哲责难："南非朋友们不是都说过，在德班别回答陌生人吗？"

如此我们边等边游览德班，直到2月12日，罔顾Peri Peri天气网的建议，和*Tanoa*一同再度出发。

❖ 风暴次日，赫曼努斯（Hermanus）港逐渐平息的浪花

开始上美国课程，教师手册说每早应唱国歌，向国旗敬礼，我哑然失笑。但当课程开始介绍美国总统的生平，我也开始重新考虑要教她学习哪些历史名人。

静夜值守时读着种种美国孩童该知道的真实和虚构人物的生平，我心里不由得来气：**这不是洗脑吗？**难道我就任由美国人把这些价值观嵌入悦彤脑里？既然我们自行安排课程，我何不介绍感动我的童年故事给她听？

接下来几天，我回想了二十四孝、苏武牧羊、花木兰等等各类传统故事，最后的结论竟是：我也是从小被洗脑的！我们要孩子学习的是忠孝，美国课程则强调垦荒时的勇气与互助精神。事实上，因为木兰的勇气，代父从军的故事也列入卡尔弗特课程里。

我释然了。其实等到她开始自行阅读，所有传记都是徒然。三语三文化是在她脑里竞争推选的，毕竟她的空闲时间有限，只有能吸引她的故事才能让她手不释卷。中国文化的英雄里她喜欢的是七侠五义、哪吒和孙悟空。

❖ 豪特湾泊船场的海豹王，Gigantidamst是悦彤给它取的名字，取Gigantic（巨大的）和Hamsti（黄金鼠）之意

征战好望角 | 如果无法进去躲，该冒险前行吗？

好望角（Cape of Good Hope）
2012年2月11日—2月25日

由于德班泊船费相当高，为节约我们停在泊船场边缘浮球处，除了浮球，前方还定了两个锚。每逢低潮，船便会触底，此时若出入船只搅出大浪，舵板便会捣药似的撞击地面。于是船一震，我们就坐立不安，担心舵板会被撞歪。

搭乘小艇进出也得看潮汐。水深不及膝时，海面一片泥泞，引擎无法吸海水散热，小艇亦拉不上船。若窃贼步行靠近，有心迅速摸走个东西，也极难防。

11日的滂沱大雨，才略洗去了德班飘来的黑灰尘土。12日，空中蓝色的面积逐渐扩大，正是急于研究天色的Michael和浩哲等待的时机。担心接下来几天没办法好好洗澡，我要求浩哲早上去泊船场结账时顺便让我们去浴室一趟。

回船后我们开始起锚，扯着染锈缆绳的侧锚，三两下就把雨水的效能破坏殆尽，甲板一片咖啡色泥泞，护手的粗布手套直滴着泥浆。停在船坞的Michael和Edmund是一收绳便能走，当我们还在奋战时，他们已经出港了——这便是我为何常有着“航海是有钱人的运动”的感慨了。

终究离了德班，我也用海水洗净了甲板。一路上我们打算不关引擎也不降帆，急急赶过狂暴海岸。每天勤用无线电收听气象报告，和Peri Peri气象网保持联系，再决定第二天的行止。

14日，顺流最高时速达15节。晚间，一支主帆撑杆不知何时被震落到海里。

15日，天气越来越糟，*Tanoa*和我们一致决定进伊丽莎白港躲一下。Michael和Edmund是早上便入了港，我们则逆风一路“之”字行进，寸步难移，直到锚链震松脱，风力发电机前后震摇，磨断了前帆的吊帆索，最后，连掌舵用的钢索也震断了，方得以在下午5点24分抵达。

“阿沙力”（讲义气）的友船*Tanoa*自是第一时间就来帮忙，Michael立刻将我绞上了桅杆，我把桅杆顶端吊帆索的绳结拉下，小心翼翼地别缠绕其他绳索，一点一点拉到甲板，重新绑稳的前帆，就可再度飘扬了。Edmund则立即进引擎室查看掌舵钢索，浩哲忙着递工具。但Edmund检查的报告是：除非买新的钢索，否则舵盘是和舵板彻底分离，不能再用了。

16日天气仍未好转。伊丽莎白港港务局开始质询我们为何不进船坞，而停在不合法的区域。我们的回答是：无法掌舵要如何入船坞停船？于是港务局同意通融到我们修复。我们则计划着去市区采购，但对市区不熟，要如何很快买到修缮材料呢？

几番脑力激荡，我们发短信给可能泊船于此的*Momo*船主Gerold。运气不错，很快有了回音。17日一早，征求港务局同意后，浩哲开小

❖ 悦彤在厄加勒斯角考试——无论天气如何，只要不晕船，她都得上课

艇，乘风破浪去接Edmund，高速震荡下直奔向泊在船坞里的*Momo*。

Gerold立刻带两人去零件商处及超市。中午回来，顾不得辘辘饥肠还有被浪打湿的衣物，Michael和Edmund又赶来帮忙。装设钢索的过程并不顺利，第一次左右相反，第二次发现自动导航失效。

我做了简单面食让大家充饥，坐立不安的我们正和时间赛跑。Michael认为傍晚风向一转就可启程，却没预料Edmund需要花那么多时间来帮我们的忙。我们更加混乱，工具四散，室内不及整理，修船造成的油污也还没擦拭，送两人回船后还得拉上小艇绑稳。身心俱疲，也不知是否会在夜间轮值时睡着。

*Tanoa*于傍晚6点起锚，我们在接近7点时尽快跟进，蒙蒙细雨中另两艘船也正离开船坞出港。

肾上腺在危机时的确管用。虽然疲累，我们却斗志高昂。20日，抵达非洲最南端的厄加勒斯角（Cape Agulhas）。因天气预报说将有强风，而且前方的*Tanoa*说已经扬起全帆，两个引擎全速，却因逆风，时速仅2节。于是我们“之”字行进驶入斯特雷斯拜（Struisbaai）等待。

到了傍晚，发现天气预报又错了，我们又重新启程，在晚间8点40

分庆祝抵达印度洋、大西洋交界，终于可以转向北上。

但厄加勒斯角毕竟不是好望角。一步步胆战心惊行来，弄得草木皆兵。我一直担心着南风，一转向朝北头脑还转不过来，原来现在该担心的是北风！（大概也和累得晕头转向有关。）

无论南风、北风，迫在眉睫的问题是**强风**要吹来了，前方三艘船赶一赶还来得及进开普敦，我们和后方的一艘船则势必得找个避难湾了。

看了看航海图，决定进赫曼努斯，因为目前风向有利，多走一里将来就轻松一里——我们实在是怕了狂暴海岸，而且快累昏了。

抵达赫曼努斯才发现，这居然是个仅容不到十艘船的小港湾！只有一个引擎能运转，我们没把握进港，且一边是礁岩一边是防浪水泥墙，连船身回旋空间都不够。边联系海岸防卫队，边焦虑地想着：**如果无法进去躲，该冒险继续前行吗？**

南非最令我们激赏的地方在于：**人们很乐于助人！**或许狂暴海岸让人人自危，每个海港都有义工急人之难，免费拖吊。几番呼叫下，海岸防卫队拨打了赫曼努斯义工所留的联络电话，三个小时后搜救小队抵达，帮我们停妥在浮球上。我们用破布缠住绳索，以免磨损船身，在向Peri Peri气象网报告了行踪后，才得以安心休息。

自从离开德班以来，这已是我们第三次停船，海洋也已呈现全然不同的景象。巨大的褐藻（Kelp）把大西洋的海面变成了森林，一条条粗大的藤蔓枝叶很容易缠上螺旋桨。也常见大型海鸟，偶尔还能看见信天翁。港内常见的则是海狗和鸬鹚，黑亮的南非海狗看来优雅悠闲，跟我

❖ 褐藻和南非海狗

❖ 俗称的南非海狗，其实是海狮的一种

们的紧张恰成对比。优游自在的鸬鹚就像把海洋误认为池塘的黑鸭子，不过它们潜水技巧可高超了，每每冒出一颗头，突然消失不见，倏忽又在远方冒出来。

21日下午停船休息后，22日强风吹起，白色的浪花四处喷溅，岸边一片模糊，看得我们胆战心惊。幸好我们及时求援，若停在防浪墙外，每次冲撞都将叫人心胆俱裂！

23日天气略微好转，我和浩哲商量想去超市买些补给品，他就向前探路了。结果又一次赞叹南非的人情味！在岸边经营潜水行的Boet（玻埃特）立刻跟浩哲说，把小艇停在岸边由他们照顾吧，因为潮差大，橡皮艇很容易损坏。垃圾就交给他们处理，然后他开车载我们去购物，买好再打电话请他来接。天哪！这还是陌生人耶！

❖ 好望角行来辛苦，看来却仅仅如此

Boet说，我们想停多久都没问题，我们也着实喜爱这个赏鲸观光小镇，但是，这场征战好望角的过程旷日费时，我们是真的**厌战**了，于是24日天气一好转，我们便由Boet护送出了港。

到开普敦仅不到一日行程，我们经过好望角时，只觉得它看来一点也不起眼。为了安全，我们在外港减速以便等到白天入港。虽是夏季，夜晚仍十分寒冷，而本格拉寒流（Benguela Current）也开始发威，海水泵汲上的水都是冰的。

25日清晨我们打电话给在豪特湾（Hout Bay）泊船场的朋友Kirk（柯克）和Lars（拉尔斯），请他们帮忙指路和拉缆绳。甫进湾便起了时吹时停的强风——豪特湾在水手中最令人谈之色变的便是这落山风，据说可达80节！当然每次总是祸不单行，我们在德班卷整齐的缆绳，几番大浪被压在备用锚下了。

❖ 赫曼努斯村景

浩哲说来不及了，先下锚再说。阵阵寒风中我们唯有先定住船，才有时间整理拉出绳索。悦彤正睡得香甜，而浩哲和我几乎整晚没睡。

右引擎自出了伊丽莎白港便无法入挡，所以我们面临和赫曼努斯港相同的问题——泊船场密密麻麻都是船，没有回旋的空间。浩哲试了几次都太远，好不容易我才将缆绳成功扔上了栈板。不过，终于过了好望角，可以好好休息一阵了。

呼——

开普敦（Cape Town）
2012年2月24日—5月30日

悦彤（八岁）说：“I never get to travel! Always on the boat!”**（我从来都没旅行过！一直在船上！）**

引擎无法入挡，前帆和主帆都有破洞，主帆的一支支撑杆落了海，收帆袋的右支撑杆也是，造成收帆袋被风吹得残破成丝状。刚抵达时，*Dharma Bum Ⅲ*有如流浪猫般凄惨。

❖ 右支索钢丝也会松开吗？检查损害时我们草木皆兵

❖ 登高看好望角

我们的签证仅到3月中，想想是绝对来不及了，首要的是办延签和入境开普敦（在南非，船只每到一个城市都得办理入境手续，有些国家则只需要在第一个港口办理即可），然后赶快找人修船。

开普敦是个美丽又特别的城市，依山傍海，蜿蜒于山腰的沿海公路，一路上都是雄伟的巨砾，澎湃的浪花在山脚海岸边，南大西洋不驯的风貌尽在眼前。有时桌山（Table Mountain）铺上了云层编织的“桌布”，大风便将掀起壮观的波涛。

我们抵达时是夏末秋初，豪特湾可达70节的落山风已很少出现。3月、4月的天气虽稍嫌寒冷，却几乎天天艳阳高照，心情也不由得艳丽起来，直到近5月雨季的来临。只可惜社会与政治的不安定因素，让开普敦的美丽蒙上了层阴影。

办理延签要去国内事务局（Department of Home Affairs，简称DHA），不幸的是，这是南非最没效率的政府机关。首先，要排队超过四小时，然后，每份文件要影印两份，我们一家三口一同申请，很多文件是重复的，还是要复印六份。旁边复印店的生意兴隆得不得了。

两个月后，虽然收到信息说签证已下来，依旧是白跑一趟！

据说这是为了对抗贪污，承办人员并不发签证，而是把文件转到比勒陀利亚（Pretoria），但增加了烦琐手续，使得人力不足，所以相关事务便越来越慢。

不过其实好几个南非政府部门都让我有点啼笑皆非：港务局总是把我们的数据弄丢，一遍遍重写。国税局（South African Revenue Service，简称SARS）办退税的小姐笑容可掬，但一问三不知，每一个问题都得进去请示一遍。海关的运作也很奇怪。悦彤的四年级课程从美国寄出后，久久没有消息。层层查询后，原来已抵达海关一个月，却没有任何通知。后来，驻开普敦办事处的Joshua（约书亚）告诉我，去年底他因一个重要包裹跑了趟海关，结果却找到两包，另一包打开一看，竟是滞留近一年的月历！所以，千万别寄惊喜包裹到南非啊！不过租车公司便有了漏洞可钻，租车的人若被测速照相，公司便把那人留的国外地址呈交上去，请政府把罚单转寄当事者，最后总是不了了之。

南非的贫富差距很大。有次和悦彤去最平价的炸鱼薯条店，吃不完的我叫她去喂鸽子和海鸥。店外有人叫着："Hungry！We're hungry！"（饿呀！我们还饿着呢！）因为之前多次的经验，我没理会他们。后来，另一位客人把没吃完的交给老板娘回收时，老板娘竟叫他拿给外面那些人吃！我心里不由得难过起来，没想到他们居然是在讨剩饭剩菜，却眼睁睁看着悦彤丢给鸟吃，而我还在一旁笑嘻嘻地照着相。

想起在德班结识的英国女士Sara（莎拉）说，若是她妈妈跟她一起开车通过贫民区，一定会哭得心碎——那些衣衫褴褛的孩子，没有足够食物，没有受教育，甚至没有出生登记，是名副其实的"黑"人，大家都不敢想象，他们长大了该如何。她妈妈是老一代的英国人，归因于从前的种族隔离政策，只见过南非富裕的阶层。

是贫穷饥饿，还是社会不公让人铤而走险？开普敦虽是治安较佳的城市，我们居停的三个月中，还是亲耳听见过枪战，原因是有人潜水偷盗鲍鱼；还有，一个村子抓到两名窃贼，村民先将他们毒打一顿，而后活活烧死。

于是人人自危。我从未见过杂货店摆出像银楼般的阵仗，但在开普敦的华人商店，整道墙都是铁门窗，有些甚至要按铃进入。德班的亚洲百货门口，保安人员手持长枪，严阵以待。我也从未见过武器店如此风行，从前住在约翰内斯堡的Salmon（莎蒙）说，自从一次睡梦中被人闯进毒打，差点死去后，他的枕头下便放了把枪，他说，若再有人闯进他家，他会立刻扣下扳机，绝不迟疑。邻船的Doug（道格）船上也置了把以激光瞄准的长枪。而且，Salmon和Doug都是身高190厘米的壮汉。

南非的隐忧不仅如此。半年下来我的感觉是，人们时常光说不练。或许这是乐于助人的一体两面——他们常自告奋勇帮忙，却根本做不到。小事像Doug说要载我们去Pick'n Pay（南非第二大连锁超市），到大事像Charles（查尔斯）答应要来修引擎。也许也和生计不稳有关。我发现大家似乎都苦哈哈的，每个人都说没钱。还记得在里查兹湾，一位中学校长跟我说，为贴补家用，他跟他当美术教师的太太刚顶下了家宠物店。他们都落进经济的大陷阱，收费太高就没顾客，收费很低却使自己汲汲营营，到头来仍累积不下什么。不过，缺钱只是部分原因。像Charles，如果他不想接我们的工作，大可早点说清楚，而不是让我们等两个月后，左逼右逼，才说没时间来。

教育质量也让我质疑。连泊船场和制帆厂这样的大公司，账单都是错的。Doug的两个孩子言语伶俐，拼写却乱七八糟。于是像Johnson（约翰逊）这样有能力的台湾朋友们，就选择把四个孩子都送往昂贵的私立学校。

种种观察让我看不到南非光明的未来，于是我问Johnson是否想过搬离。他的答案颇让人深思，倒和兰卡威的成功华人不约而同。华人的竞争模式和当地人完全不同，所以遍地是金。他们打算将来送孩子们去美国、加拿大上大学，但是自己仍旧宁愿留在开普敦做生意。

当然，这些社会经济问题对短暂旅居的我们自是影响不大。更何况

❖ 岩蹄兔（Rock Dassie）——它最近的亲戚是大象和海牛，夜间最低可把体温降低到4摄氏度，来节省热能

观光巴士先进舒适，超市商品应有尽有，在购置电热扇和电子炉后，生活简直和陆地生活一样舒适容易！结识驻开普敦的办事处人员后，处长不定时带队来访，也带来了家乡的温暖。我的生日虽然不能跟亲朋旧友度过，由办事处全员来庆祝也无遗憾了。

而泊船场也俨然成了我们的家。午休的时候，悦彤会像一阵烟般往外跑，有时和各船打招呼，有时去捞鱼。4月份时船坞里德国和奥地利船还很多，租车出游时总带着悦彤一道四处游历。复活节，各船送她一大堆彩蛋。后来，她**决定**4月5日是她的宠物黄金鼠的生日，自己写了一堆邀请函，投递到各船，请大家来参加庆生会。结果当天，一堆大人捧着胡萝卜与香芹来我们家送给黄金鼠。

5月她又跟南非船熟了起来，她最喜欢满头白发的Anna（安娜），而Anna也的确令人钦佩。她用**自己建造**的船环游世界后又回到了南非。育有五名子女，其中两对双胞胎都由她教导到中学毕业。看着她瘦长的身影，破洞的工作服，赤脚走在栈板上，永无休止地接工作，我不由得想起“不以物喜，不以己悲”这句话来。

Anna是南非坚毅的代表，以劳力与手艺为傲，我有时甚至感到，他们有点轻视在办公室工作的人，认为那都是“假的”工作。但是，南非又不像欧洲那样，给付工匠优渥的工资，于是Anna的船也极为破旧。

事实上，她大可收外国人较高的费用，但是我猜这会违背她的人生哲学。不仅如此，她总开着那早该回收的老爷车，载大家去公交车难以抵达的地方，像海关就在市区10公里外，没车子很难前往。

一穷二白，仍乐于助人。就连我们要贴补她载我们20公里的油钱，都被拒绝了。而各船送给她的回收建材，她又拿来修其他的船，仅收微薄费用，于是她的船不仅破旧，还堆满杂物。我整理出悦彤的衣物玩具，她也帮忙转送给了有色孩童。

很难想象一位亚洲的老人会过Anna的生活，就连西方的老嬉皮，也大多放弃了年轻时的理想与执着。有时我幽幽地想，当Anna关节作痛，上下船困难时，她是否也曾对自己的选择有所怀疑？

从各港口的海上急难救助义工，到德班好心帮我引路的印度先生，

❖ 独木舟是悦彤访友专用的交通工具

❖ 游览开普敦市

再从赫曼努斯的Boet，到开普敦的Anna，我一路回想着南非。他们展现的淳厚人情味，让我看到南非的美好。至于害我们无法使用右侧引擎的Charles，我想我最好选择遗忘吧。

上课纪律 | 教她钓鱼远胜于留给她冷冻鱼

很多船上的妈妈问："周末不放假，难道悦彤不会反抗？"

她当然多次据理力争过，也有学习倦怠的日子。不过，我说得很清楚："你快乐读也罢，反对、拖延也罢，课是一定要上完的！"所以，每逢宴会的第二天，唯有悦彤能维持纪律好好上课。

最长的假放了三天，因为她反抗太厉害，我决定"休息是为了走更长远的路"。不确定这样的绩效能维持到她几岁，但我所仰仗的是：悦彤认为学习是有趣的，而且她很明白，所有的课程与练习都是为了她的未来，妈妈只是帮助她，没有私心，亦不求回报。

事实上，这也是浩哲和我能留给她的唯一资产，但我们相信，教**她钓鱼远胜于留给她冷冻鱼。**

离开开普敦前，Johnson一家送了悦彤两本英文儿童百科。从开普敦到圣赫勒拿的十六天航程，除了晕船和上课就没事可做的悦彤，居然将一本从头到尾看完了。

一天浩哲看到海面上漂浮着一只紫色的僧帽水母，八岁半的悦彤纠正爸爸："你说僧帽水母很毒没错，可是它不是水母，是群居的水螅（Polyps）！"然后她进舱拿出百科全书翻给我们看。我惊异于她的阅读能力，觉得船上的图画书已不再适合她了，可是，船上根本没有适合她年龄的故事书啊。

回想起启航时，因为运费贵，也因为想逼自己学英文，我开始阅读英文小说，夜半翻找出一本较简单的科幻小说《安德的游戏》（*Ender's Game*），决定当作悦彤三年级升四年级的暑假作业。起初悦彤抗拒得不得了，我得边念边解释给她听；后来她勉强愿意自己读，不过每章都要停下来让我解说一下；最后，她欲罢不能，居然自己将一系列成人科幻小说在空闲时间看完了。

遗世独立的小岛 | 没有自动提款机，也没有手机

圣赫勒拿（Saint Helena）→萨尔瓦多市（Salvador）→伊塔帕里卡岛（Itaparica）
2012年5月30日—8月31日

5月30日离开开普敦，航程中泵水管破裂，迫使我们放弃原定直接前往巴西的计划，和圣赫勒拿这个大西洋中遗世独立的小岛，有了美丽的相遇。然后一路顺着信风，边跟翅鲸玩耍，轻轻松松十八天，于7月24日抵达巴西萨尔瓦多市（Salvador）旁的伊塔帕里卡岛（Itaparica）。最后在8月31日离开了巴西，展开最后一段前往加勒比海的旅程。

刚离开开普敦的航程颇为艰辛，或许是三个月养尊处优的城市生活磨钝了我们的毅力，一家子晕得死去活来，没吃晕船药的浩哲还吐了。其实，这已比我们离开新西兰时轻松不少，天气虽冷，却没结霜，浪虽高达5米，却还比新西兰低了3米。只有悦彤，似乎越大越晕船，在新西兰外海，悦彤五日没下床，这次却足足躺了一个星期。

❖ 我在巴西的通行证

寒冷的气候，巨浪推送中，信天翁轻快优美的身影特别醒目，时而俯冲时而滑翔，动作快得叫人看不清，

❖ 大西洋上一路尾随着我们的翅鲸

更难以用相机捕捉它那轻灵曼妙的气质。一离开寒冷海域，它们也就失去了踪迹。

起初我发现右引擎室淹水，还以为是大浪来袭积存下来的。等到取水困难，四处检查才赫然发现问题所在，而水管破裂后清水早就往低处流入了污水舱。我试着舀出珍贵的清水，悲伤地发现已混着海水和机油。还好我从不敢完全依赖水箱[①]，每趟航程都有额外储水。

① 浩哲曾读过一艘船的水箱受污染，船主夫妇几乎渴死的故事。*Dharma Bum Ⅲ* 置备的饮料多，渴死是绝不可能，不过也不能用果汁、啤酒去煮饭煮汤吧？所以我在每趟航程都用好几个5升塑料瓶额外储水。没料到竟在旅程接近尾声时派上了用场。

存量只剩90升，一路滴滴计较，我们在6月15日清晨定锚。圣赫勒拿主城詹姆斯敦长年处于信风的吹拂下，海洋深浪直入港口，停泊期间比航海时还晃荡。礁岩嶙峋，雪白的浪花啪啦啪啦刻画着岁月的痕迹，有些甚至贯穿成了拱洞。上下晃荡的小艇，很容易撞上水泥墙而受损，上下岸不易。

小岛与世无争，居民悠闲和善，连酒醉驾车都能列入新闻广播。岛上正在兴建机场，目前只有客货轮和帆船得以前往。“圣赫勒拿号”定时往返南非—圣赫勒拿—阿森松（Ascension），但客舱票并不便宜，单程约600英镑。运输不易导致物资昂贵，若非英国资助，可能更加无法负担。居民医疗和教育均免费，但学校只到中学为止，要上大学多前往英国；政府每年提供奖学金名额，不过，公费学生成绩需维持标准，且学成后必须返回圣赫勒拿服务。

陡峭道路环绕着嵚崟的高山，下坡拐弯眼见深幽的山谷我总有刹车不灵的恐慌，也常有柳暗花明又一村的惊喜。位于两大洲中央，这里也是历史上方便的流放所，拿破仑在此郁郁以终，南非布尔战争时的政治犯，闪亮的墓碑仍在山坡上做着无言的抗议。山顶、山谷绿意盎然，我不由得疑惑为何岛上蔬果稀少，导游告诉我们，自从有电视以后，大家都比从前懒惰多了。问到山坡上的牛群，他则说由于岛上欠缺完善消毒设备，政府规定不准贩卖乳制品，只许农户自用。于是，大部分食品来自南非；过期品一律特价；在多数商店，面包要先预订；上街若看到新的蔬果，千万要当机立断，否则可能就再也见不着了。圣赫勒拿没有自动提款机，也是我唯一所见没有手机的地方。

白天常有彩虹，晚上600英尺高的雅各布天梯（Jacob's Ladder），

雅各布天梯上俯瞰詹姆斯敦

❖ 从圣赫勒拿看大西洋

两排灯光从山脚直闪耀到山坡上。由于这是座火山岛，悦彤捡石子时，不经意发现许多磁石，为这三周不期然的歧路写下了惊喜的句点。

7月6日到23日，从圣赫勒拿前往萨尔瓦多，信风由船尾吹送，天气渐行渐暖，无灾无难。有几天一群迁徙来往于南北极的翅鲸（Fin Whale），前前后后跟随着我们。起先我将伸展在水面的尾鳍误认为背鳍，以为是前所未见的超大巨鲨；后来悦彤又指出远远海面波光晃动下一片圆形浅绿，我又以为是性喜在海面载浮载沉的太阳鱼（Sunfish）；最后它们一只只过来探视，在船侧跃起偷瞄我们的同时，我们也看清了它们上灰下白、流线型的修长身躯，还有嘴里密密的鲸须（Baleen）。有几次它们从后方超过，在船前减速和我们同步，比船身还长的鲸体，

❖ 从山谷到山顶的快捷方式：雅各布天梯

❖ 从雅各布天梯顶端俯视滨海公路

❖ 圣赫勒拿首都詹姆斯敦街景

❖ 总督府中居住着圣赫勒拿最年长的居民

❖ 圣赫勒拿多彩的植被

❖ 拿破仑的床

❖ 圣赫勒拿和亚森松都有这种凶猛的食肉鱼，有伤口的人最好别下水。不过，对于船只，它们可是好宝贝——船底每天都被清得一干二净

不时在前方缓缓喷气，我还真有点担心它们会**算错**了船速，让我们一头撞上！

抵达巴西，我们并未在萨尔瓦多市停泊，而是驶往了外岛伊塔帕里卡。萨尔瓦多市被抢劫的概率非常高，根据特地前往体验夜生活的朋友Kirk说，很多人在桌旁虎视眈眈等着抢残食，更多人讨香烟，也有人神神秘秘前来兜售可卡因。有个十五岁左右的少年，眼神空洞神魂悠悠伸出枯瘦的手跟他要烟。

伊塔帕里卡的治安要好得多，但定居当地的澳大利亚朋友Ron（罗恩）还是告诫：僻静地区不要乱闯，贵重东西别带出门，否则最好有再也拿不回来的心理准备。因为不会说葡萄牙语，我本来打算带电子辞典

❖ “圣赫勒拿号”运来了物资，山左侧那道约45度的斜线是雅各布天梯

出门，但是听Ron这样说，只好抄几个词在纸上备用。然后有天我和悦彤去买菜，抬头望见一群松鼠猴（Squirrel Monkey）在电线上过街，体形超小却又一副猴头猴脑的它们可爱极了，我在背包掏啊掏，才遗憾地想到，在这里我出门是不带相机的。

在伊塔帕里卡住了一个月，我观察到几个现象。首先，似乎拉丁美洲的男人都很愿意帮助女性，他们一看见我推提重物就主动帮忙。移民局的一位老先生，看到我走在悦彤前方，还训了我一顿，其实我倒觉得悦彤走在我和浩哲中间还比较安全。其次，他们很容忍**“耍赖”**的行为。有次跟朋友去一家南非人开的餐厅，一个顾客也没有，却有一男一女游民在叨念。女游民在桌旁大呼小叫，不时摸一下浩哲和同桌的三位男性朋友，她似乎把全部家当带在身上，披着一堆毛毯，右手还携了只黑猫。老板一点儿法子也没有，只能好言好语请他们离开，他抱歉地说，毕竟他得和小区的态度同步。后来是相姬（Sang Hee）跟她谈判，卷了根烟请她离去。

港湾里极凑巧的是有三位亚洲人。来自韩国的李相姬，先生Hans（汉斯）也是德国人，浩哲的爸爸还认识Hans的亲戚。有一艘澳大利亚船，地理学家Henry（亨利）带着泰国女友Tuk（图克）。三个东方人走在一起，大家都弄混了国籍。

“耍赖”似乎在泊船处也有效。小艇停泊费每日为5里拉（约2.5美元），相姬说她两个月内只付过一次。我觉得不可思议，虽然管理员时常不在，但每逢碰上了还是要付费啊。直到有一次我和浩哲分头办事回来，一位新管理员跟我收费，我不确定浩哲付了没有，就解释要等我先生，无法沟通的管理员最后笑笑指着办公室说了一堆话，我只听懂了“明天”，就点点头。之后，居然就没人再跟我收费了。起先我还以为是没人看管（因为我认识的管理员不知跑到哪里去了），直到有次管理员叫住了Kirk，跟他收了费，却没理会我。

或许是巴西人对收费这件事不怎么计较，或许是因为他们认为三个亚洲女性的钱都在男人那里，或者是像他们容忍游民那样，我那天的行为被认为是种耍赖?

这里的物价不低，午晚餐每人约30里拉（约合15美元），若是去称重的自助餐厅，也要12—15里拉。但是交通工具颇为平价，搭出租车半小时到大镇玛格兰德（Mar Grande），以人计价，每人3里拉；回程常需包租，不过一定要先谈好价钱。Tuk和我杀价到10里拉，下车时司机依然帮忙卸货，毫无不豫之色。在这样贫穷的地方，人们还能保持诚实，不因为我们是“富裕”的外国人而欺生，我觉得已经很难得了。

巴西是英语最不通行的地区之一。我颇为惊讶大城市和旅游景点竟会如此，通常我用英语加手势加几个当地词，都能通行无阻，但在此地他们都微笑摇头，友善的姿态隐藏着**“拒绝了解”**的含义。

放学时分常看见少女边走路边跳摇臀舞，少男则踢着足球。时值竞选期，宣传车音乐开得震天响，重复的歌词唱得耳朵生茧。没有很多大型广告牌，上街时我看见工人拿油漆桶，漆着候选人号码和姓名在墙壁上，也看见一票人穿着候选人T恤，跟随宣传车跳着扭秧歌般的大妈街舞。Ron说贿选很严重，而且部分教师和警察已罢工一个月了。

我们办出入境时，海关办事员极懒散，而且对分内工作不怎么熟悉。入境时他要我们第二天再来，我们不愿奔波两次就坚持坐等，只见他在键盘用“一指神功”挣扎许久，终于交给浩哲一张文件，为“稍示惩戒”，他收走了移民局的入境证明，让我们去海军港务官报到时白跑一趟。而当我们跟Henry、Tuk、Kirk一起办出境时，他说我们得先去移民局，叫我们下午2点后再来，我们在11点半时匆匆赶回，想赶在午休前办妥，但海关的门却已锁上了。至于拒绝给Palain签证的移民局（是因为他头发太乱吗？），对悦彤和我倒颇为友善。其他机关也没什么大麻烦。

我看到的巴西，不是经济新星的那一面，但巴西领土毕竟极为辽阔，据飞往里约热内卢游览的Hans、Sang Hee、Henry、Tuk说，里约就富裕多了。不过我仍确信贫富差距和毒品是两个极为严重的问题。没

❖ 伊塔帕里卡市场旁的广场

❖ 萨尔瓦多市电梯上一景

落的萨尔瓦多市四处危楼，斑驳废弃摇晃，仿佛诉说着旧时堂前燕的风光，但也是罪犯、游民的藏身处，且腐朽的建材随时有掉落的危险。崭新的办公大楼耸立一旁，现代的双层观光巴士，乘坐着衣履风流的游客，政府只拨经费修缮有观光收入的古迹，却无魄力拆除危楼以及解决抢劫问题。远远望向山坡上，整排的破败房屋，其中有多少不为人知的辛酸。带着几分走马观花的惆怅，我们于8月31日离去。

❖ 再见了，巴西！

❖ 特立尼达嘉年华会

我们毕——业——啰！

特立尼达的查瓜拉马斯港（Chaguaramas）→德国（Germany）
2012年10月1日—2013年

将近七年的努力，终究到了**期末考**时分。

2012年10月1日下锚于熟悉的特立尼达查瓜拉马斯港（Chaguaramas），我们回到了出发的原点。

星空下我不由得回想起六年多前在特立尼达的情景……不止一次，在两岁半的悦彤熟睡之后，我手持酒杯在驾驶区里哭泣。浩哲也很担心未来，两人相对无言，无法做出是否放弃航海的决定。

而今却感慨着旅程即将结束，还不知何去何从，但我非常满意我们交出的成绩单。八岁半的悦彤没有上过一天学，从零开始教到能读写三种语言，现在正阅读第四本英文科幻小说。在伊塔帕里卡上完课后，她能自行划独木舟去拜访逾500米外的德国小女孩。虽然她游泳游得不怎么好，而且中文、德文都还有待加强，但她依然令我俩骄傲！

当然我们放弃的东西也不少。她课业繁重，我们也就少了去游历的心思，往往看到友船传来的精彩照片，心里会既钦羡又遗憾。而近七年来我们虽俭省克己，当然还是只出不进，看着家乡朋友们生活优渥，不知道之后要如何东山再起，还是该另起炉灶？而且陆地生活我要如何边

❖ 悦彤九岁生日会，在特立尼达苏格兰湾（Scotland Bay）

工作边继续悦彤的三语教学？

为了避免浩哲的忧郁症复发，也因为德国学制学时数少，比较可能继续悦彤的中英文课程，我们最终决定在德国待两年的时间。

2013年收下买主订金，7月29日，我们飞离居住了七年八个月的家。

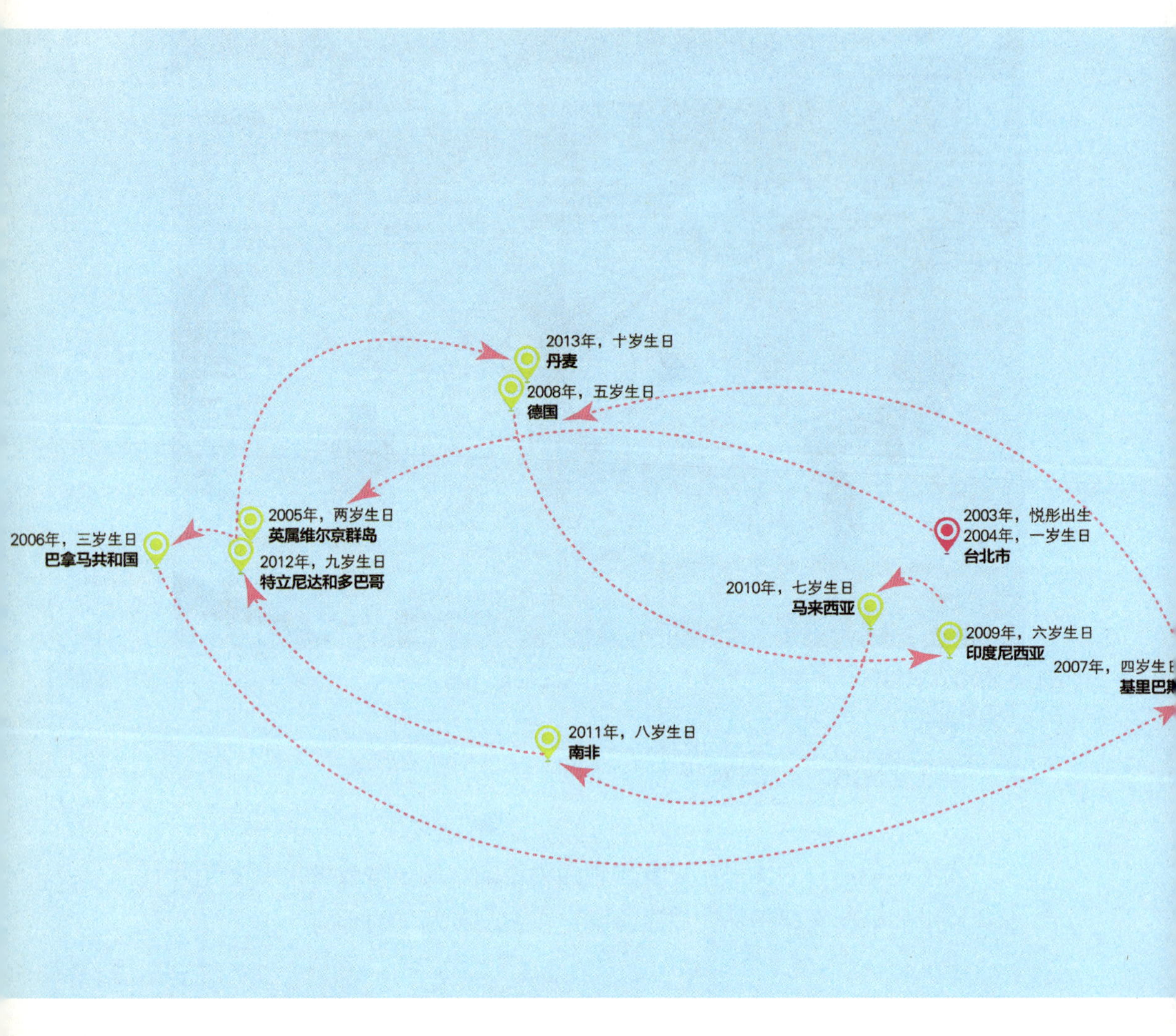

❖ 我叫江悦彤，没有姐妹弟兄，住在一艘小船上，环绕世界一路通！
（悦彤的诗，2012年7月27日）

后 记

不少朋友认为我们回德国也不可能会适应，但反正我早已不再是台北的我。我的想法再回不到从前。目前的我只想过单纯的生活。为了要有更多的钱，却得牺牲我教悦彤或写作、森林漫步的时间，简直难以想象。钱多自然好，但要看我得放弃的是什么。年轻时我无法预知现在居然竟会作如此想。

你是否曾想过任何时间想洗个热水澡都随你是一种享受？有时我在浴室腾腾的水汽里，会想到在船上一身的黏腻，然后就对自来水充满了感激。再也不必担心海浪会把不稳的东西震下来，东西放好了就不会再自行散落。出门时不必再想，回家时家会不会已经漂走了。最棒的是，暴风雨肆虐时，我们在安全的、不震荡的屋子里。

我们完成**环游世界**的“壮举”——

毕——业——啰！

桂图登字：20-2014-215

作者：叶丽萍◎著

图书在版编目（CIP）数据

我家住在大海上：平凡家庭的幸福密钥 / 叶丽萍著. —南宁：接力出版社，2015.8

ISBN 978-7-5448-4057-6

Ⅰ.①我… Ⅱ.①叶… Ⅲ.①家庭教育 Ⅳ.①G78

中国版本图书馆CIP数据核字（2015）第152502号

责任编辑：徐 宏　美术编辑：严 冬　责任校对：刘会乔

责任监印：刘 元　媒介主理：李羽清　版权联络：董 蒙

社长：黄 俭　总编辑：白 冰

出版发行：接力出版社　社址：广西南宁市园湖南路9号　邮编：530022

电话：010-65546561（发行部）　传真：010-65545210（发行部）

http://www.jielibj.com　E- mail:jieli@jielibook.com

经销：新华书店　印制：北京尚唐印刷包装有限公司

开本：889毫米×1194毫米　1/16　印张：18　字数：190千字

版次：2015年8月第1版　印次：2015年8月第1次印刷

印数：00 001—20 000册　定价：39.80元

❖ 独立的德国孩子们，Lina（琳娜，六岁）和Yara（雅拉，五岁）

❖ 美好的夜晚（悦彤画作，2010年3月）